여러분의 합격을 응원하는
해커스공무원의 특별 혜택

KB199706

FREE 공무원 관세법 **특강**

해커스공무원(gosi.Hackers.com) 접속 후 로그인 ▶ 상단의 [무료강좌] 클릭 ▶
[교재 무료특강] 클릭하여 이용

해커스공무원 온라인 단과강의 **20% 할인쿠폰**

E334566C72F27SHD

해커스공무원(gosi.Hackers.com) 접속 후 로그인 ▶ 상단의 [나의 강의실] 클릭 ▶
좌측의 [쿠폰등록] 클릭 ▶ 위 쿠폰번호 입력 후 이용

* 등록 후 7일간 사용 가능(ID당 1회에 한해 등록 가능)

합격예측 온라인 모의고사 응시권 + 해설강의 수강권

BB6FE32B8BB6A3FJ

해커스공무원(gosi.Hackers.com) 접속 후 로그인 ▶ 상단의 [나의 강의실] 클릭 ▶
좌측의 [쿠폰등록] 클릭 ▶ 위 쿠폰번호 입력 후 이용

* ID당 1회에 한해 등록 가능

쿠폰 이용 관련 문의 **1588-4055**

단기 합격을 위한
해커스공무원 커리큘럼

입문
▼
기본+심화
▼
기출+예상 문제풀이
▼
동형문제풀이
▼
최종 마무리

탄탄한 기본기와 핵심 개념 완성!

누구나 이해하기 쉬운 개념 설명과 풍부한 예시로 부담없이 쌩기초 다지기

TIP 베이스가 있다면 **기본 단계**부터!

필수 개념 학습으로 이론 완성!

반드시 알아야 할 기본 개념과 문제풀이 전략을 학습하고
심화 개념 학습으로 고득점을 위한 응용력 다지기

문제풀이로 집중 학습하고 실력 업그레이드!

기출문제의 유형과 출제 의도를 이해하고 최신 출제 경향을 반영한
예상문제를 풀어보며 본인의 취약영역을 파악 및 보완하기

동형모의고사로 실전력 강화!

실제 시험과 같은 형태의 실전모의고사를 풀어보며 실전감각 극대화

시험 직전 실전 시뮬레이션!

각 과목별 시험에 출제되는 내용들을 최종 점검하며 실전 완성

PASS

* 커리큘럼 및 세부 일정은 상이할 수 있으며,
자세한 사항은 해커스공무원 사이트에서 확인하세요.

**단계별 교재 확인 및
수강신청은 여기서!**

gosi.Hackers.com

해커스공무원

이명호

핵심요약집

관세법

해커스공무원

이명호

약력

관세사
서울대학교 졸업
고려대학교 경영전문대학원 MBA 석사 졸업
제18회 관세사 자격시험 수석 합격
현 | 해커스공무원 관세법, 무역학, 한국사 강의
전 | 아모르이그잼 관세법 강의
전 | 국제무역사 시험 출제위원
전 | 이의신청 심의위원, 과세전적부심 심사위원

저서

해커스공무원 이명호 올인원 관세법
해커스공무원 이명호 관세법 뼁령집
해커스공무원 이명호 관세법 단원별 기출문제집
해커스공무원 이명호 관세법 핵심요약집
해커스공무원 이명호 무역학 이론 + 기출문제
해커스공무원 이명호 한국사
해커스공무원 이명호 한국사 암기강화 프로젝트 워크북
해커스공무원 이명호 한국사 기출로 적중

서문

내용은 방대하게 늘리는 것보다 간결하게 요약하는 것이 더 어렵습니다. 그런데 시험의 막바지에 이르러서는 전체 내용을 한눈에 들어올 수 있도록 요약하는 것이 좋은 전략입니다. 관세법의 양이 방대해져서 이 요약집이 더욱 필요한 시점이 되었습니다.

이에 『해커스공무원 이명호 관세법 핵심요약집』은 다음과 같은 특징을 가지고 있습니다.

첫째, 이론 강의에서 언급하였던 암기식 순서대로 편집되어 있습니다.
예를 들어 '우리나라에 수출하기 위하여 판매되는 물품이 아닌 것'은 법령의 순서가 아니라 '무임국무폐위지' 순서로 배열되어 있습니다. 암기식을 충실히 외운 수험생들은 단기간 내에 효율적으로 내용을 정리할 수 있습니다.

둘째, 시험에 나오지 않을 지엽적인 내용은 과감히 생략하고, 핵심 내용만으로 구성하였습니다.
계속되는 법령 신설로 양이 많아진 관세법의 특성상 '쳐낼 것은 쳐 내는' 것이 필요한 시점이 되었습니다.

셋째, 마무리 정리하는 수험생분만이 아니라, 처음 이론을 시작하는 분들께도 유용합니다.
관세법의 큰 흐름이 무엇인지를 파악할 수 있도록 구성하였으므로, 나무보다 숲을 먼저 보기를 원하는 수험생들에게 적극 추천합니다.

넷째, 법령에는 흩어져 있던 '연관 개념'을 모아 놓았습니다.
예를 들어 '송달'의 경우 전자송달은 법령의 후반부에 있지만, 본 교재에서는 전자송달을 납부고지서의 송달과 함께 볼 수 있도록 편집하였습니다.

더불어, 공무원 시험 전문 사이트 해커스공무원(gosi.Hackers.com)에서 교재 학습 중 궁금한 점을 나누고 다양한 무료 학습 자료를 함께 이용하여 학습 효과를 극대화할 수 있습니다.

부디 『해커스공무원 이명호 관세법 핵심요약집』과 함께 공무원 관세법 시험 고득점을 달성하고 합격을 향해 한걸음 더 나아가시기를 바라며, 공무원 합격을 꿈꾸는 모든 수험생 여러분에게 훌륭한 길잡이가 되기를 바랍니다.

이명호

목차

관세법
핵심요약집

제1장 총칙

제1절 통칙

1 용어의 뜻(법 제2조)

1. 수입

수입	① 외국물품을 우리나라에 반입하는 것 ② 외국물품을 보세구역으로부터 반입하는 것(보세구역을 경유하는 경우) ③ 외국물품을 우리나라에서 소비 또는 사용하는 것 ④ 외국물품을 우리나라의 운송수단 안에서 소비 또는 사용하는 것
수입으로 보지 아니하는 소비 또는 사용 (법 제239조)	① 선박용품·항공기용품 또는 차량용품을 운송수단 안에서 그 용도에 따라 소비하거나 사용하는 경우 ② 선박용품·항공기용품 또는 차량용품을 세관장이 정하는 지정보세구역에서 「출입국관리법」에 따라 출국심사를 마치거나 우리나라에 입국하지 아니하고 우리나라를 경유하여 제3국으로 출발하려는 자에게 제공하여 그 용도에 따라 소비하거나 사용하는 경우 ③ 여행자가 휴대품을 운송수단 또는 관세통로에서 소비하거나 사용하는 경우 ④ 「관세법」에서 인정하는 바에 따라 소비하거나 사용하는 경우
수입의 의제 (법 제240조)	「관세법」에 따라 적법하게 수입된 것으로 보고 관세 등을 따로 징수하지 아니하는 외국물품 ① 체신관서가 수취인에게 내준 우편물 ② 「관세법」에 따라 매각된 물품 ③ 「관세법」에 따라 몰수된 물품, 몰수를 갈음하여 추징된 물품 ④ 「관세법」에 따라 통고처분으로 납부된 물품 ⑤ 법령에 따라 국고에 귀속된 물품

2. 수출, 반송

수출	내국물품을 외국으로 반출하는 것
반송	국내에 도착한 외국물품이 수입통관절차를 거치지 아니하고 다시 외국으로 반출되는 것
수출·반송의 의제	체신관서가 외국으로 발송한 우편물은 「관세법」에 따라 적법하게 수출되거나 반송된 것으로 본다.

3. 외국물품, 내국물품

외국물품	내국물품(수출의 대상)
① 외국으로부터 우리나라에 도착한 물품으로서 수입신고가 수리되기 전의 것 ② 외국의 선박 등이 공해에서 채집하거나 포획한 수산물 등으로서 수입신고가 수리되기 전의 것 ③ 외국의 선박 등이 외국의 영해가 아닌 경제수역에서 채집하거나 포획한 수산물 등으로서 수입신고가 수리되기 전의 것 ④ 수출신고가 수리된 물품 ⑤ 보세구역에서 보수작업으로 외국물품에 부가된 내국물품	① 우리나라에 있는 물품으로서 외국물품이 아닌 것 ② 우리나라의 선박 등이 공해에서 채집하거나 포획한 수산물 등 ③ 입항전수입신고가 수리된 물품 ④ 수입신고수리전 반출승인을 받아 반출된 물품 ⑤ 수입신고전 즉시반출신고를 하고 반출된 물품 ⑥ 수입의 의제 물품(귀, 통, 몰, 매, 우, 추)

4. 국제무역선 등

국제무역선(기)	무역을 위하여 우리나라와 외국 간을 운항하는 선박(항공기)
국내운항선(기)	국내에서만 운항하는 선박(항공기)
선박용품 (항공기용품, 차량용품)	음료, 식품, 연료, 소모품, 밧줄, 수리용 예비부분품 및 부속품, 집기 그 밖에 이와 유사한 물품으로서 해당 선박(항공기, 차량)에서만 사용되는 것
통관	「관세법」에 따른 절차를 이행하여 물품을 수출·수입 또는 반송하는 것
환적	동일한 세관의 관할구역에서 입국 또는 입항하는 운송수단에서 출국 또는 출항하는 운송수단으로 물품을 옮겨 싣는 것
복합환적	입국 또는 입항하는 운송수단의 물품을 다른 세관의 관할 구역으로 운송하여 출국 또는 출항하는 운송수단으로 옮겨 싣는 것

5. 운영인 등

운영인	① 특허보세구역의 설치·운영에 관한 특허를 받은 자 ② 종합보세사업장의 설치·운영에 관한 신고를 한 자
세관공무원	① 관세청장, 세관장 및 그 소속 공무원 ② 그 밖에 관세청 소속기관의 장 및 그 소속 공무원
탁송품	상업서류, 견본품, 자가사용물품, 그 밖에 이와 유사한 물품으로서 국제무역선·국제무역기 또는 국경출입차량을 이용한 물품의 송달을 업으로 하는 자(물품을 휴대하여 반출입하는 것을 업으로 하는 자는 제외)에게 위탁하여 우리나라에 반입하거나 외국으로 반출하는 물품
전자상거래물품	사이버몰(컴퓨터 등과 정보통신설비를 이용하여 재화를 거래할 수 있도록 설정된 가상의 영업장을 말한다) 등을 통하여 전자적 방식으로 거래가 이루어지는 수출입물품
관세조사	관세의 과세표준과 세액을 결정 또는 경정하기 위하여 방문 또는 서면으로 납세자의 장부·서류 또는 그 밖의 물건을 조사(통합조사 포함)하는 것

2 관세징수의 우선(법 제3조)

관세를 납부하여야 하는 물품	다른 조세, 그 밖의 공과금 및 채권에 우선하여 그 관세를 징수한다.
관세를 납부하여야 하는 물품이 아닌 재산	「국세기본법」에 따른 국세와 동일하게 한다.

3 내국세 등의 부과·징수(법 제4조)

관세와 함께 징수되는 내국세	부가가치세, 지방소비세, 담배소비세, 지방교육세, 개별소비세, 주세, 교육세, 교통·에너지·환경세, 농어촌특별세
내국세의 부과·징수·환급 등	「국세기본법」 등과 「관세법」의 규정이 상충되는 경우, 「관세법」의 규정을 우선 적용
내국세의 가산세 및 강제징수비의 부과·징수·환급 등	
내국세에 대한 담보제공 요구, 국세충당, 담보해제, 담보금액 등	「관세법」 중 관세에 대한 담보 관련 규정 준용
가산세·강제징수비의 부과·징수·환급 등	「관세법」 중 관세의 부과·징수·환급 등에 관한 규정 적용

4 국세체납의 인계(법 제4조)

누가	(세관장이 부과·징수하는 내국세 등의 체납이 발생하였을 때의) 세관장
누구에게	납세의무자의 주소지(법인: 법인의 등기부에 따른 본점이나 주사무소의 소재지)를 관할하는 세무서장
인계의 요건	① 관세의 체납은 없고 내국세 등만이 체납되었을 것 ② 체납된 내국세 등의 합계가 1천만원을 초과했을 것
인계하지 않는 경우 (세무서장이 징수할 수 없는 경우)	① 이의신청, 심사청구, 심판청구, 행정소송이 계류 중인 경우 ② 회생계획인가 결정을 받은 경우 ③ 압류 등 강제징수가 진행 중인 경우 ④ 압류 또는 매각을 유예 받은 경우

제2절 법 적용의 원칙 등

1 법 적용의 원칙 등

법 해석의 기준 (법 제5조 제1항)	「관세법」을 해석하고 적용할 때에는 과세의 형평과 해당 조항의 합목적성에 비추어 납세자의 재산권을 부당하게 침해하지 아니하도록 하여야 한다.	국세예규 심사위원회에서 심의
소급과세의 금지 (법 제5조 제2항)	「관세법」의 해석이나 관세행정의 관행이 일반적으로 납세자에게 받아들여진 후에는 그 해석이나 관행에 따른 행위 또는 계산은 정당한 것으로 보며, 새로운 해석이나 관행에 따라 소급하여 과세되지 아니한다.	
신의성실 (법 제6조)	① 납세자가 그 의무를 이행할 때에는 신의에 따라 성실하게 하여야 한다. ② 세관공무원이 그 직무를 수행할 때에도 또한 같다.	
세관공무원의 재량의 한계 (법 제7조)	세관공무원은 그 재량으로 직무를 수행할 때에는 과세의 형평과 「관세법」의 목적에 비추어 일반적으로 타당하다고 인정되는 한계를 엄수하여야 한다.	

2 「관세법」해석에 관한 질의회신의 절차와 방법(영 제1조의3)

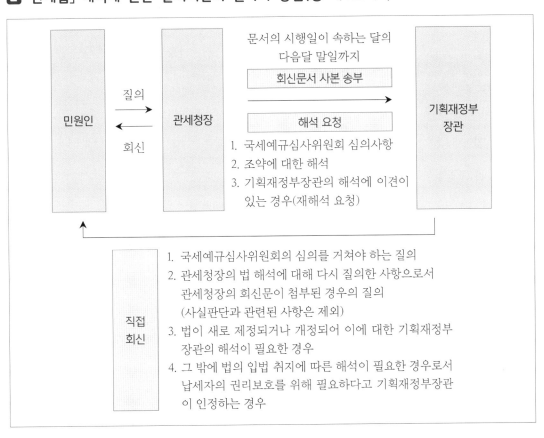

제3절 기간과 기한

1 기간 및 기한의 계산(법 제8조)

기간의 계산	① 수입신고수리전 반출승인을 받은 경우 그 승인일을 수입신고의 수리일로 본다. ② 「관세법」에 특별한 규정이 있는 것을 제외하고는 「민법」에 따른다.
기한 연장 (1) '그 다음날'	① 토요일 및 일요일 ② 공휴일 및 대체공휴일 ③ 근로자의 날 ④ 금융기관(한국은행 국고대리점 및 국고수납대리점인 금융기관에 한한다) 또는 체신관서의 휴무, 그 밖에 부득이한 사유로 인하여 정상적인 관세의 납부가 곤란하다고 관세청장이 정하는 날
기한 연장 (2) '그 장애가 복구된 날의 다음날'	① 정전, ② 프로그램의 오류, ③ 한국은행(대리점 포함)의 정보처리장치의 비정상적인 가동, ④ 체신관서의 정보처리장치의 비정상적인 가동, ⑤ 기타 관세청장이 정하는 사유로 신고, 신청, 승인, 허가, 수리, 교부, 통지, 통고, 납부 등을 할 수 없게 되는 경우

2 관세의 납부기한 등(법 제9조)

1. 납부기한

구분		납부기한
① 신고납부 규정에 따른 납세신고를 한 경우		납세신고 수리일부터 15일 이내
② 부과고지 규정에 따른 납부고지를 한 경우		납부고지를 받은 날부터 15일 이내
③ 수입신고전 즉시반출신고를 한 경우		수입신고일부터 15일 이내
④ 세액을 정정한 경우	보정신청	보정신청한 날의 다음날까지
	수정신고	수정신고한 날의 다음날까지
	세액정정	당초의 납부기한까지
⑤ 특수한 납부기한		㉠ 수입신고수리전 납부 가능 ㉡ 분할납부 즉시 징수 사유에 해당하는 경우 15일 이내 납부 ㉢ 월별납부 승인을 취소하는 경우 15일 이내 납부 ㉣ '천재지변 등 기한연장'을 취소하는 경우 15일 이내 납부
⑥ 과징금의 납부기한		납부통지일부터 20일 이내

2. 월별납부

의의	세관장은 납세실적 등을 고려하여 관세청장이 정하는 요건을 갖춘 성실납세자가 신청을 할 때에는 납부기한이 동일한 달에 속하는 세액에 대하여 그 기한이 속하는 달의 말일까지 한꺼번에 납부하게 할 수 있다.
담보 제공	납부할 관세에 상당하는 담보 제공
승인	① 승인신청: 관세청장이 정하는 서류를 갖추어 세관장에게 승인 신청 ② 승인: 관세청장이 정하는 요건을 갖춘 경우 세관장이 승인 ③ 승인의 유효기간: 승인일부터 그 후 2년이 되는 날이 속하는 달의 마지막 날까지

승인 취소	① 승인 취소 사유
	  ㉠ 관세를 납부기한이 경과한 날부터 15일 이내에 납부하지 아니하는 경우
	  ㉡ 관세청장이 정하는 요건을 갖추지 못하게 되는 경우
	  ㉢ 사업의 폐업, 경영상의 중대한 위기, 파산선고, 법인의 해산 등 월별납부를 유지하기 어렵다고 세관장이 인정하는 경우
	② 납부고지: 승인 취소시 15일 이내의 납부기한을 정하여 납부고지

❸ 천재지변 등으로 인한 기한의 연장(법 제10조)

기한 연장의 방법	① 연장기간: 1년을 넘지 아니하는 기간 ② 연장신청: 납부기한이 종료되기 전에 신청 ③ 납부고지: 기한 연장시, 법 제39조에 따른 납부고지를 함 ④ 담보 제공: 납부할 관세에 상당하는 담보 제공
기한 연장의 사유	① 천재지변 ② 전쟁·화재 등 재해나 도난으로 재산에 심한 손실을 입은 경우 ③ 사업에 현저한 손실을 입은 경우 ④ 사업이 중대한 위기에 처한 경우 ⑤ 그 밖에 세관장이 인정하는 경우

기한 연장 취소	① 기한 연장 취소의 사유
	  ㉠ 관세를 지정한 납부기한 내에 납부하지 아니하는 때
	  ㉡ 재산상황의 호전 기타 상황의 변화로 인하여 납부기한연장을 할 필요가 없게 되었다고 인정되는 때
	  ㉢ 파산선고, 법인의 해산 기타의 사유로 해당 관세의 전액을 징수하기 곤란하다고 인정되는 때
	② 연장 취소시 15일 이내의 납부기한을 정하여 납부고지

제4절 서류의 송달 등

1 납부고지서의 송달(법 제11조, 법 제327조)

구분		내용
송달 방법	원칙	① 납세의무자에게 직접 발급 ② 인편, 우편, 전자송달
	예외	③ 공시송달
전자 송달	방법	국가관세종합정보시스템 또는 연계정보통신망을 이용하여 전자신고 등의 승인·허가·수리 등에 교부·통지·통고 등을 할 수 있다.
	효력발생 시기	송달받을 자가 지정한 전자우편주소나 국가관세종합정보시스템의 전자사서함 또는 연계정보통신망의 전자고지함에 고지내용이 저장된 때 그 송달을 받아야 할 자에게 도달된 것으로 본다.
	전자송달이 불가능한 경우	교부·인편·우편의 방법으로 송달
공시 송달	사유	① 주소, 거소(居所), 영업소 또는 사무소가 국외에 있고 송달하기 곤란한 경우 ② 주소, 거소, 영업소 또는 사무소가 분명하지 아니한 경우 ③ 서류를 등기우편으로 송달하였으나 수취인이 부재중인 것으로 확인되어 반송됨으로써 납부기한까지 송달이 곤란하다고 인정되는 경우 ③ 세관공무원이 2회 이상 납세자를 방문[처음 방문한 날과 마지막 방문한 날 사이의 기간이 3일(기간을 계산할 때 공휴일, 대체공휴일, 토요일 및 일요일은 산입하지 않는다) 이상이어야 한다]해 서류를 교부하려고 하였으나 수취인이 부재중인 것으로 확인되어 납부기한까지 송달이 곤란하다고 인정되는 경우
	방법	① 국가관세종합정보시스템에 게시하는 방법 ② 관세청 또는 세관의 홈페이지, 게시판이나 그 밖의 적절한 장소에 게시하는 방법 ③ 해당 서류의 송달 장소를 관할하는 특별자치시·특별자치도·시·군·구(자치구를 말한다)의 홈페이지, 게시판이나 그 밖의 적절한 장소에 게시하는 방법 ④ 관보 또는 일간신문에 게재하는 방법
	효력발생 시기	공고한 날부터 14일이 지나면 납부고지서의 송달이 된 것으로 본다.

② 장부 등의 보관(법 제12조)

1. 장부 및 증거서류의 보관기간

5년의 범위에서 대통령령으로 정하는 기간

보관기간	보관대상 신고서류
신고수리일부터 5년간 보관	① 수입신고필증, 수입거래관련 계약서 또는 이에 갈음하는 서류, 수입물품 가격결정에 관한 자료 ② 지식재산권의 거래관련 계약서 또는 이에 갈음하는 서류
신고수리일부터 3년간 보관	수출·반송신고필증, 수출물품·반송물품 가격결정에 관한 자료, 수출거래·반송거래 관련 계약서 또는 이에 갈음하는 서류
신고수리일부터 2년간 보관	① 보세화물 반출입에 관한 자료 ② 적재화물목록에 관한 자료 ③ 보세운송에 관한 자료

2. 장부 등의 작성과 보관

장부 등의 작성	「전자문서 및 전자거래 기본법」에 따른 정보처리시스템을 이용하여 작성할 수 있다.
공인전자문서센터 보관	전자문서로 작성하거나 전자화문서로 변환하여 공인전자문서센터에 보관한 경우에는 장부 및 증거서류를 갖춘 것으로 본다.

3. 「관세법」상 기타 서류의 보관·보존 기간

보관하는 자	대상	보관·보존 기간
유통이력 신고의무자	유통이력 장부(전자적 기록방식을 포함) 등 신고자료	거래일부터 1년간
종합보세구역 판매인	외국인 관광객 등에 대하여 환급 또는 송금한 사실과 관련된 증거서류	5년간
세관장	보존승객예약자료	입·출항일부터 기산하여 3년간
	통고처분을 받은 자 등에 대한 보존승객예약자료	입·출항일부터 기산하여 5년간

📋 서류 보관의무 위반에 대한 제재

2천만원 이하의 벌금	장부 및 증거서류 보관기간 규정을 위반한 경우
100만원 이하의 과태료	신고필증을 보관하지 않은 자

제2장 과세가격과 관세의 부과·징수 등

제1절 통칙

1 관세의 과세요건

구분	원칙
과세물건(법 제14조)	수입물품
과세표준(법 제15조)	수입물품의 가격 또는 수량
납세의무자(법 제19조)	수입신고하는 때의 화주
세율(법 제49조)	관세율

2 과세물건 확정시기(법 제16조)와 납세의무자(법 제19조)

구분	과세물건 확정시기	납세의무자
원칙	수입신고를 하는 때	수입신고하는 때의 화주
① 선박용품 등의 적재 위반	하역을 허가받은 때	하역허가를 받은 자
② 보세구역 외 보수작업 승인기간 경과	승인받은 때	승인받은 자
③ 보세구역 장치물품 멸실·폐기	멸실되거나 폐기된 때	운영인·보관인
④ 보세공장 외·보세건설장외 작업 허가기간 경과, 종합보세구역 외 작업기간 경과	작업을 허가받거나 신고한 때	작업을 허가받거나 신고한 자
⑤ 보세운송기간 경과	보세운송을 신고하거나 승인받은 때	보세운송을 신고하거나 승인받은 자
⑥ 수입신고수리전 소비·사용 (수입으로 보지 않는 경우 제외)	소비·사용한 때	소비자·사용자
⑦ 수입신고전 즉시반출물품	수입신고전 즉시반출신고를 한 때	즉시반출한 자
⑧ 우편물	통관우체국에 도착한 때	수취인
⑨ 도난물품, 분실물품	도난되거나 분실된 때	• 보세구역 장치물품: 운영인, 화물관리인 • 보세운송물품: 보세운송을 신고하거나 승인받은 자 • 기타 물품: 보관인, 취급인
⑩ 「관세법」에 따라 매각되는 물품	매각된 때	<규정 없음>
⑪ 수입신고를 하지 않고 수입되는 물품(① ~ ⑩은 제외)	수입된 때	소유자·점유자

폐기물품	(폐기 후 남아있는 부분) 폐기 후 성질과 수량
보세공장 제조물품	(사용신고전 원료과세 신청시) 사용신고를 하는 때의 성질 및 수량

3 적용 법령(법 제17조)

구분	원칙
원칙	수입신고 당시의 법령
예외	다음의 날에 시행되는 법령 ① '과세물건 확정 시기의 예외'에 해당되는 물품: 그 사실이 발생한 날 ② 보세건설장에 반입된 외국물품: 사용 전 수입신고가 수리된 날

4 과세환율(법 제18조)과 수출환율(영 제246조)

구분	원칙
과세환율	'적용 법령'에 따른 날이 속하는 주의 전주의 기준환율 또는 재정환율을 평균하여 관세청장이 정하는 율 ① '적용 법령'에 따른 날: 보세건설장의 경우, 수입신고를 한 날 ② 전주: 전주 월요일부터 금요일까지
수출환율	수출신고일이 속하는 주의 전주의 기준환율 또는 재정환율을 평균하여 관세청장이 정하는 율

5 납세의무자(법 제19조)

1. 원칙적인 납세의무자

원칙 (수입신고한 물품)	그 물품을 수입신고하는 때의 화주
화주가 불분명한 경우	① 수입을 위탁받아 수입업체가 대행수입한 물품인 경우: 그 물품의 수입을 위탁한 자 ② 수입을 위탁받아 수입업체가 대행수입한 물품이 아닌 경우: 대통령령으로 정하는 상업서류(송품장·선하증권·항공화물운송장)에 적힌 물품수신인 ③ 수입물품을 수입신고전에 양도한 경우: 양수인

2. 납세의무의 경합 및 승계

경합	화주 또는 (연대납세의무자인) 신고인과 특별납세의무자가 경합되는 경우에는 특별납세의무자를 납세의무자로 한다.
승계	법인이 합병되거나 상속이 개시된 경우에는 관세·가산세 및 강제징수비의 납세의무를 승계한다.

3. 납세의무의 확장

보증	관세의 납부를 보증한 자는 보증액의 범위에서 납세의무를 진다.
2차 납세의무	관세의 담보로 제공된 것이 없고 납세의무자와 관세의 납부를 보증한 자가 납세의무를 이행하지 아니하는 경우 납세의무를 진다(「국세기본법」 제38조 ~ 제41조 규정 준용).
양도담보권자의 물적납세의무	다음의 요건을 갖춘 경우 「국세징수법」을 준용하여 그 양도담보재산으로써 납세의무자의 관세·가산세 및 강제징수비를 징수할 수 있다. ① 납세의무자, 납부보증자, 제2차 납세의무자가 관세·가산세·강제징수비를 체납하여야 한다. ② 납세의무자 등에게 「국세기본법」상 양도담보재산이 있어야 한다. ③ 납세의무자의 다른 재산에 대하여 강제징수를 하여도 징수하여야 하는 금액에 미치지 못하여야 한다. ④ 관세의 납세신고일(부과고지하는 경우에는 그 납부고지서의 발송일을 말한다) 전에 담보의 목적이 된 양도담보재산에 대해서는 적용되지 아니한다.

4. 연대납세의무자

수입신고하는 때의 화주의 주소 및 거소가 분명하지 아니하거나 수입신고인이 화주를 명백히 하지 못하는 경우	그 신고인과 해당 물품을 수입신고하는 때의 화주
공유물·공동사업에 속하는 물품	그 공유자 또는 공동사업자인 납세의무자
수입신고인이 수입신고하는 때의 화주가 아닌 자를 납세의무자로 신고한 경우 (관세포탈·부정감면을 저지르거나, 교사·방조하여 유죄 확정판결을 받은 경우)	그 수입신고인 및 납세의무자로 신고된 자와 해당 물품을 수입신고하는 때의 화주 (다만, 관세포탈·부정감면으로 얻은 이득이 없는 수입신고인 또는 납세의무자로 신고된 자는 제외)
구매대행업자가 화주로부터 수입물품에 대하여 납부할 관세 등에 상당하는 금액을 수령하고, 수입신고인 등에게 과세가격 등의 정보를 거짓으로 제공한 경우	구매대행업자와 수입신고하는 때의 화주
특별납세의무자가 2인 이상인 경우	그 2인 이상의 납세의무자
① 법인이 분할되거나 분할합병되는 경우 ② 법인이 분할 또는 분할합병으로 해산하는 경우 ③ 신회사를 설립하는 경우	분할되는 법인이나 분할 또는 분할합병으로 설립되는 법인, 존속하는 분할합병의 상대방 법인 및 신회사
관세의 분할납부를 승인받은 법인이 합병·분할 또는 분할합병된 경우(법 제107조)	합병·분할 또는 분할합병 후에 존속하거나 합병·분할 또는 분할합병으로 설립된 법인

제2절 납세의무의 소멸 등

1 납부의무의 소멸 사유(법 제20조)

① 관세를 납부하거나 관세에 충당한 때
② 관세부과가 취소된 때
③ 관세를 부과할 수 있는 기간에 관세가 부과되지 아니하고 그 기간이 만료된 때
④ 관세징수권의 소멸시효가 완성된 때

📋 우편물에 대한 납세의무 소멸(법 제261조)

우편물에 대한 관세의 납세의무는 해당 우편물이 반송되면 소멸한다.

2 관세부과의 제척기간(법 제21조)

1. 관세부과의 제척기간

원칙	관세를 부과할 수 있는 날부터 5년
수입신고를 하지 아니하고 수입한 경우 (과세물건이 예외적으로 확정되는 물품은 제외한다)	관세를 부과할 수 있는 날부터 7년
부정한 방법으로 관세를 포탈하였거나 환급 또는 감면받은 경우	관세를 부과할 수 있는 날부터 10년

2. 제척기간의 기산일(관세를 부과할 수 있는 날)

원칙		수입신고한 날의 다음날
예외	「관세법」 제16조 단서에 해당되는 경우	그 사실이 발생한 날의 다음날
	의무불이행 등의 사유로 감면된 관세를 징수하는 경우	그 사유가 발생한 날의 다음날
	보세건설장에 반입된 외국물품의 경우	다음 중 먼저 도래한 날의 다음날 ① 건설공사완료보고를 한 날 ② 특허기간이 만료되는 날
	과다환급·부정환급 등의 사유로 관세를 징수하는 경우	환급한 날의 다음날
	잠정가격 신고 물품 / 확정가격을 신고한 경우	확정된 가격을 신고한 날의 다음날
	잠정가격 신고 물품 / 기간 내에 확정가격을 신고하지 아니한 경우	해당 기간의 만료일의 다음날

3. 제척기간 만료의 특례

제척기간이 만료하였어도 해당 결정·판결·회신결과 또는 경정청구에 따라 경정이나 그 밖에 필요한 처분을 할 수 있는 경우

제척기간 만료의 특례 사유	처분 가능 기간
① 이의신청·심사청구·심판청구에 대한 결정이 있는 경우 ② 감사원법에 따른 심사청구에 대한 결정이 있는 경우 ③ 행정소송법에 따른 소송에 대한 판결이 있는 경우 ④ 압수물품의 반환결정이 있는 경우	그 결정·판결이 확정된 날부터 1년
위 ①, ②, ③의 결정·판결에 따라 명의대여 사실이 확인된 경우	당초의 부과처분을 취소하고, 그 결정·판결이 확정된 날부터 1년 이내(실제로 사업을 경영한 자에게 처분)
⑤ 원산지증명서를 발급한 국가의 세관이나 그 밖에 발급권한이 있는 기관에게 원산지증명서 및 원산지증명서확인자료의 진위 여부, 정확성 등의 확인을 요청한 경우	다음 중 먼저 도래하는 날부터 1년 ㉠ 해당 요청에 따라 회신을 받은 날 ㉡ 회신기간이 종료된 날
⑥ 경정청구가 있는 경우 ⑦ '국세의 정상가격과 관세의 과세가격 간의 조정'에 따른 조정신청에 대한 결정통지가 있는 경우	경정청구일 또는 결정통지일부터 2개월

3 관세징수권의 소멸시효(법 제22조, 제23조)

1. 관세징수권의 소멸시효

5억원 이상의 관세(내국세 포함)	징수권을 행사할 수 있는 날부터 10년
그 외의 관세(내국세 포함)	징수권을 행사할 수 있는 날부터 5년

2. 관세징수권 소멸시효의 기산일(징수권을 행사할 수 있는 날)

신고납부하는 관세	수입신고가 수리된 날부터 15일이 경과한 날의 다음날 (다만, 월별납부의 경우에는 그 납부기한이 경과한 날의 다음 날)
보정신청하여 납부하는 관세	보정신청일의 다음날의 다음날
수정신고하여 납부하는 관세	수정신고일의 다음날의 다음날
부과고지하는 관세	납부고지를 받은 날부터 15일이 경과한 날의 다음날
수입신고 전 물품반출(즉시반출) 규정에 따라 납부하는 관세	수입신고한 날부터 15일이 경과한 날의 다음날
그 밖의 법령에 따라 납부고지하여 부과하는 관세	납부기한이 만료된 날의 다음날

3. 소멸시효의 중단 및 정지

중단 사유	정지 사유
① 경정처분 ② 납부고지 ③ 납부독촉 ④ (특정범죄 가중처벌 등에 관한 법률) 공소제기 ⑤ 고발 ⑥ 압류 ⑦ 교부청구 ⑧ 통고처분	① 사해행위(詐害行爲)취소소송 기간 ② 분할납부기간 ③ 징수유예기간 ④ 압류·매각의 유예기간 ※ 사해행위 취소소송으로 인한 시효정지의 효력은 소송이 각하·기각 또는 취하된 경우에는 효력이 없다.

4. 민법규정의 준용

관세징수권과 환급청구권의 소멸시효에 관하여 「관세법」에서 규정한 것을 제외하고는 민법을 준용한다.

4 환급청구권의 소멸시효(법 제22조, 제23조)

1. 환급청구권의 소멸시효

원칙	권리를 행사할 수 있는 날부터 5년

2. 환급청구권 소멸시효의 기산일(환급청구권을 행사할 수 있는 날)

경정으로 인한 환급	경정결정일
착오납부 또는 이중납부로 인한 환급	그 납부일
계약과 상이한 물품 등에 대한 환급	수출신고수리일 또는 보세공장반입신고일
(법 제106조) 폐기, 멸실, 변질, 손상된 물품에 대한 환급	폐기, 멸실, 변질, 손상된 날
수입한 상태 그대로 수출되는 자가사용물품에 대한 환급	수출신고가 수리된 날 (수출신고 생략: 운송수단에 적재된 날)
국제무역선, 국제무역기, 보세판매장에서 구입한 후 환불한 물품에 대한 환급	해당 물품이 환불된 날
종합보세구역에서 물품을 판매하는 자가 환급받고자 하는 경우	환급에 필요한 서류의 제출일
수입신고·입항전수입신고를 하고 관세를 납부한 후 신고가 취하 또는 각하된 경우	신고의 취하일 또는 각하일
적법하게 납부한 후 법률의 개정으로 인한 환급	그 법률의 시행일

3. 소멸시효의 중단 및 정지

중단 사유	정지 사유
환급청구권의 행사	(없음)

제3절 납세담보

1 담보의 종류(법 제24조)

담보의 종류	담보의 요건
① 금전	
② 국채 또는 지방채	
③ 세관장이 인정하는 유가증권	
⑤ 토지	
⑥ 건물·공장재단·광업재단·선박·항공기·건설기계	보험에 가입 + 등기·등록
④ 납세보증보험증권	세관장이 요청하면 특정인이 납부하여야 하는 금액을 일정기일 이후에는 언제든지 세관장에게 지급한다는 내용의 것
⑦ 세관장이 인정하는 보증인의 납세보증서	

📋 상황별로 제공할 수 있는 담보의 종류

덤핑방지관세·상계관세 잠정조치	금·국·세·납·세(①②③④⑦)
지식재산권 침해물품의 통관보류·유치요청, 통관허용·유치해제요청	금·국·세·세(①②③⑦)

2 담보제공 사유

1. 「관세법」상 담보제공사유

> ① (관세채권확보가 곤란한 물품에 대한) 수입신고 수리
> ② 수입신고수리전 반출, 수입신고전 즉시반출
> ③ 지식재산권 침해물품의 통관보류·유치요청, 통관허용·유치해제 요청
> ④ 덤핑방지·상계관세 잠정조치, 덤핑방지관세 신규공급자 부과 유예
> ⑤ 관세감면, 분할납부, 월별납부, 기한연장
> ⑥ 보세구역 외 장치 허가
> ⑦ 보세운송, 조난물품 운송
> ⑧ 압류·매각의 유예

2. 수입신고수리시 담보의 제공을 요구할 수 있는 경우

① 「관세법」 또는 환급특례법 제23조를 위반하여 징역형의 실형을 선고받고 그 집행이 끝나거나(집행이 끝난 것으로 보는 경우 포함) 면제된 후 2년이 지나지 아니한 자
② 「관세법」 또는 환급특례법 제23조에 따라 벌금형 또는 통고처분을 받은 자로서 그 벌금형을 선고받거나 통고처분을 이행한 후 2년이 지나지 아니한 자
③ 최근 2년간 계속해서 수입실적이 없는 자
④ 수입신고일을 기준으로 최근 2년간 관세 등 조세를 체납한 사실이 있는 자
⑤ 「관세법」 또는 환급특례법 제23조를 위반하여 징역형의 집행유예를 선고받고 그 유예기간 중에 있는 자
⑥ 파산, 청산 또는 개인회생절차가 진행 중인 자
⑦ 수입실적, 자산, 영업이익, 수입물품의 관세율 등을 고려할 때 관세채권 확보가 곤란한 경우로서 관세청장이 정하는 요건에 해당하는 자

3. 압류·매각의 유예시 담보 제공을 요구하지 않는 경우

세관장은 압류 또는 매각의 유예 결정일 기준으로 최근 3년 이내에 「관세법」, FTA관세법, 환급특례법, 조세범처벌법 위반으로 처벌받은 사실이 없는 체납자로부터 체납액 납부계획서를 제출받고 그 납부계획의 타당성을 인정하는 경우

4. 수입신고수리전 반출시 담보를 제공하지 않는 경우

① 최근 2년간 법 위반 사실이 없는 수출입자 또는 신용평가기관으로부터 신용도가 높은 것으로 평가를 받은 자로서 관세청장이 정하는 자가 수입하는 물품
② 국가, 지방자치단체, 공공기관, 지방공사, 지방공단이 수입하는 물품
③ 학술연구용품 감면(법 제90조 제1항 제1호, 제2호) 적용 기관이 수입하는 물품
④ 거주 이전의 사유, 납부세액 등을 고려할 때 관세채권 확보에 지장이 없는 이사물품
⑤ 수출용 원재료 등 관세채권의 확보에 지장이 없다고 관세청장이 인정하는 물품

3 담보물의 평가 등

1. 담보물의 평가(영 제9조)

담보물의 종류	상세 종류	담보물의 평가기준
① 국채 또는 지방채 ② 세관장이 인정하는 유가증권	거래소가 개설한 증권시장에 상장된 유가증권 중 매매사실이 있는 것	담보로 제공하는 날의 전날에 공표된 최종시세가액
	그 외의 유가증권	담보로 제공하는 날의 전날에 상속세 및 증여세법 시행령 규정을 준용하여 계산한 가액
① 토지 ② 보험에 든 등기 또는 등록된 건물·공장재단·광업재단·선박·항공기와 건설기계	토지 또는 건물의 평가	상속세 및 증여세법 규정을 준용하여 평가한 가액
	공장재단·광업재단·선박·항공기·건설기계	감정평가법인등의 평가액 또는 시가표준액

2. 담보제공서에 첨부해야 하는 서류들(영 제10조)

금전	납입 확인서(관세청장이 지정한 금융기관)
국채 또는 지방채	해당 채권에 관하여 모든 권리를 행사할 수 있는 자의 위임장 첨부
세관장이 인정하는 유가증권	해당 증권발행자의 증권확인서와 해당 증권에 관한 모든 권리를 행사할 수 있는 자의 위임장 첨부
① 납세보증보험증권 ② 세관장이 인정하는 보증인의 납세보증서	납세보증보험증권 또는 납세보증서 첨부(보증·보험의 기간은 해당 담보를 필요로 하는 기간으로 하되, 납부기한이 확정되지 아니한 경우에는 관세청장이 정하는 기간으로 한다)
① 토지 ② 건물·공장재단·광업재단·선박·항공기와 건설기계	저당권을 설정하는 데에 필요한 서류 첨부
보험에 든 건물·공장재단·광업재단·선박·항공기나 건설기계	보험증권 제출(보험기간은 담보를 필요로 하는 기간에 30일 이상을 더한 것이어야 한다)

3. 담보 금액(영 제10조)

원칙	관세에 상당하는 금액
관세가 확정되지 아니한 경우	관세청장이 정하는 금액

📋 그 밖의 담보 금액

감면, 분할납부 승인 물품	감면받거나 분할납부하는 관세액(재수출면세 및 재수출감면에 따른 가산세 제외)에 상당하는 담보 제공
지식재산권 등 침해 물품 (통관보류·유치 요청, 통관허용·유치 해제 요청)	과세가격의 100분의 120에 상당하는 금액(중소기업인 경우 과세가격의 100분의 40에 상당하는 금액)

4. 납부고지(영 제10조)

일반적인 경우(수입신고 제외)	담보액의 확정일부터 10일 이내 담보를 제공하지 아니하는 경우
수입신고를 한 경우	수입신고 후 10일 이내 담보를 제공하지 아니하는 경우

5. 담보의 변경(영 제12조)

담보물의 가격 감소	세관장이 담보물의 증가 또는 변경을 통지한 때에는 지체 없이 이를 이행하여야 한다.
지급기일 또는 보험기간 변경	세관장의 승인을 얻어야 한다.

6. 담보물의 매각(영 제14조)

(세관장의) 매각 공고	담보제공자의 주소·성명·담보물의 종류·수량, 매각사유, 매각장소, 매각일시 기타 필요한 사항을 공고하여야 한다.
(세관장의) 매각 중지	납세의무자가 매각예정일 1일 전까지 관세와 비용을 납부하는 때에는 담보물의 매각을 중지하여야 한다.

7. 포괄 담보(법 제24조)

납세의무자(관세의 납부보증자 포함)는 「관세법」에 따라 계속하여 담보를 제공하여야 하는 사유가 있는 경우에는 관세청장이 정하는 바에 따라 일정기간에 제공하여야 하는 담보를 포괄하여 미리 세관장에게 제공할 수 있다.

8. 담보의 관세충당(법 제25조)

① 충당 사유 및 잔금 교부

충당 사유	납세의무자가 납부기한까지 관세를 납부하지 않은 경우(담보로 제공된 금전을 관세에 충당할 때에는 가산세를 적용하지 아니한다)
잔금 교부	㉠ 세관장은 담보를 관세에 충당하고 남은 금액이 있을 때에는 담보를 제공한 자에게 이를 돌려주어야 하며, 돌려줄 수 없는 경우에는 이를 공탁할 수 있다. ㉡ 세관장은 관세의 납세의무자가 아닌 자가 납부를 보증한 경우 그 담보로 관세에 충당하고 남은 금액이 있을 때에는 그 보증인에게 이를 직접 돌려주어야 한다.

② 충당 방법

담보의 종류	관세충당 방법
② 국채 또는 지방채 ③ 세관장이 인정하는 유가증권 ⑤ 토지 ⑥ 건물·공장재단·광업재단 등	이를 매각하는 방법
④ 납세보증보험증권 ⑦ 세관장이 인정하는 보증인의 납세보증서	그 보증인에게 담보한 관세에 상당하는 금액을 납부할 것을 즉시 통보하는 방법

9. 담보 등이 없는 경우의 관세징수(법 제26조)

담보 제공이 없거나 징수한 금액이 부족한 관세의 징수	「국세기본법」과 「국세징수법」의 예에 따른다.
강제징수할 때	강제징수비를 징수할 수 있다.

10. 담보의 해제(법 제26조의2)

세관장은 납세담보의 제공을 받은 관세 및 강제징수비가 납부되었을 때에는 지체 없이 담보해제의 절차를 밟아야 한다.

제4절 과세가격의 신고 및 결정

Ⅰ. 가격신고

1 가격신고

1. 가격신고(법 제27조)

의의		납세의무자는 수입신고를 할 때 세관장에게 해당 물품의 가격에 대한 신고를 하여야 한다.
시기	원칙	수입신고를 할 때
	예외	수입신고 전(통관의 능률을 높이기 위해 필요한 경우)
과세가격 결정자료 제출		송품장, 계약서, 각종 비용의 금액 및 산출근거를 나타내는 증빙자료, 기타 가격신고의 내용을 입증하는 데에 필요한 자료 제출
과세자료의 제출 생략		① 같은 물품을 같은 조건으로 반복적으로 수입하는 경우(이 경우 가격신고를 일정기간 일괄하여 신고하게 할 수 있다) ② 수입항까지의 운임 및 보험료 외에 우리나라에 수출하기 위하여 판매되는 물품에 대하여 구매자가 실제로 지급하였거나 지급하여야 할 가격에 가산할 금액이 없는 경우 ③ 그 밖에 과세가격결정에 곤란이 없다고 인정하여 관세청장이 정하는 경우

2. 가격신고 대상(규칙 제2조)

원칙	모든 수입물품
가격신고 생략 물품 (기획재정부령 으로 정하는 물품)	① 정부 또는 지방자치단체가 수입하는 물품 ② 정부조달물품 ③ 공공기관이 수입하는 물품 ④ 관세 및 내국세등이 부과되지 않는 물품 ⑤ 방위산업용 기계와 그 부분품 및 원재료로 수입하는 물품(중앙행정기관의 장이 수입 　확인 또는 수입추천을 받은 물품에 한정) ⑥ 수출용 원재료 ⑦ 특정연구기관이 수입하는 물품 ⑧ 과세가격이 미화 1만불 이하인 물품 　　• 개별소비세, 주세, 교통·에너지·환경세가 부과되는 물품 제외 　　• 분할하여 수입되는 물품 제외 ⑨ 종량세 적용 물품 　　종량세와 종가세 중 높은 세액 또는 높은 세율을 선택하여 적용해야 하는 물품 제외 ⑩ 특수관계가 있는 자들 간에 거래되는 물품의 과세가격 결정방법에 관하여 의문이 있 　어 과세가격 결정방법 사전심사를 신청하고 그 결과가 통보된 물품(잠정가격 신고대 　상 물품은 제외)
가격신고를 생략할 수 없는 물품	① 사전세액심사 대상 중 일부[체납자가 신고한 물품(체납액 10만원 미만, 체납기간 7일 　이내인 경우 제외), 불성실신고인이 신고한 물품, 가격변동이 큰 물품 기타 수입신고 　수리후 세액심사가 부적합한 물품] ② 구매자가 실제로 지급하였거나 지급하여야 할 가격에 구매자가 해당 수입물품의 대 　가와 판매자의 채무를 상계하는 금액, 구매자가 판매자의 채무를 변제하는 금액, 그 　밖의 간접적인 지급액이 포함되어 있는 경우에 해당하는 물품 ③ 과세가격이 관세평가 제2방법부터 제6방법까지에 따라 결정되는 경우에 해당하는 물품 ④ 부과고지 대상물품 ⑤ 잠정가격신고 대상물품 ⑥ 과세가격결정시 가산조정금액이 있는 물품(운임 등을 가산하여야 하는 경우 제외)

3. 잠정가격신고(법 제28조)

잠정가격 신고 대상		① 거래관행상 거래가 성립된 때부터 일정기간이 지난 후에 가격이 정하여지는 물품 중 원유·곡물·광석 그 밖의 이와 비슷한 1차 산품으로서 수입신고일 현재 그 가격이 정하여지지 아니한 경우 ② 우리나라에 수출·판매되는 물품에 대하여 '구매자 실제지급금액'에 가산조정할 금액이 수입신고일부터 일정기간이 지난 후에 정하여 질 수 있음이 첨부서류 등에 의하여 확인되는 경우 ③ 「관세법」 제37조 제1항 제3호(특수관계가 있는 자들 간에 거래되는 물품의 과세가격 결정방법)에 따라 과세가격 결정방법의 사전심사를 신청한 경우 ④ 특수관계가 있는 구매자와 판매자의 거래 중 수입물품의 거래가격이 수입신고 수리 이후에 정상가격으로 조정될 것으로 예상되는 거래로서 기획재정부령으로 정하는 요건을 갖춘 경우 ⑤ 계약의 내용이나 거래의 특성상 잠정가격으로 가격신고를 하는 것이 불가피한 경우로서 기획재정부령으로 정하는 경우
확정가격신고	확정가격 신고기간	2년의 범위 안에서 구매자와 판매자 간의 거래계약의 내용 등을 고려하여 세관장이 지정하는 기간 내에 확정가격을 신고하여야 한다.
	가산율 산정 요청	관세청장이 정하는 바에 따라 확정가격 신고기간이 끝나기 30일 전까지 확정가격의 계산을 위한 가산율을 산정해 줄 것을 요청할 수 있다.
	기간의 연장	세관장은 납세의무자의 요청이 있는 경우 확정가격 신고 기간을 연장할 수 있다. 이 경우 연장하는 기간은 신고기간의 만료일부터 2년을 초과할 수 없다.
	세관장의 가격 확정	세관장은 납세의무자가 확정가격 신고 기간 내에 확정된 가격을 신고하지 아니하는 경우, 해당 물품에 적용될 가격을 확정할 수 있다.
		납세의무자가 폐업, 파산신고, 법인해산 등의 사유로 확정될 가격을 신고하지 못할 것으로 인정되는 경우 확정가격 신고 기간 중에도 해당 물품에 적용될 가격을 확정할 수 있다.
정산		세관장은 확정된 가격을 신고받거나 세관장이 가격을 확정하였을 때에는 잠정가격을 기초로 신고납부한 세액과 확정된 가격에 따른 세액의 차액을 징수하거나 환급하여야 한다.

2 가격조사 보고 등(법 제29조)

과세가격 결정자료 제출 요청	기획재정부장관 또는 관세청장은 과세가격을 결정하기 위하여 수출입업자, 경제단체 또는 그 밖의 관계인에게 과세가격 결정에 필요한 자료를 제출할 것을 요청할 수 있다.	
수입신고가격 등의 공표	관세청장은 국민 생활에 긴요한 물품으로서 국내물품과 비교 가능한 수입물품의 평균 신고가격이나 반입 수량에 관한 자료를 집계하여 공표할 수 있다.	
	공표 사유	① 원활한 물자수급을 위하여 특정물품의 수입을 촉진시킬 필요가 있는 경우 ② 수입물품의 국내가격을 안정시킬 필요가 있는 경우
	공표 방법	관세청 인터넷 홈페이지
	공표 제외	① 수입물품의 상표 및 상호 ② 수입자의 영업상 비밀 ③ 수입자의 정당한 이익을 침해할 우려가 있는 사항
	공표 요건	① 관세 · 통계통합품목분류표상 품목번호에 해당할 것 ② 해당 수입물품의 수입자가 2인 이상일 것

II. 과세가격의 결정

1 과세가격의 결정방법

구분		관세평가 적용 순서
	원칙	1 → 2 → 3 → 4 → 5 → 6
납세의무자가 요청하면	5방법으로 결정 가능	1 → 2 → 3 → 5
	5방법으로 결정할 수 없는 경우	1 → 2 → 3 → 4 → 6

제1평가방법	법 제30조	해당 물품의 거래가격을 기초로 한 과세가격 결정방법
제2평가방법	법 제31조	동종 · 동질물품의 거래가격을 기초로 한 과세가격 결정방법
제3평가방법	법 제32조	유사물품의 거래가격을 기초로 한 과세가격 결정방법
제4평가방법	법 제33조	국내판매가격을 기초로 한 과세가격 결정방법
제5평가방법	법 제34조	산정가격을 기초로 한 과세가격 결정방법
제6평가방법	법 제35조	합리적 기준에 의한 과세가격 결정방법

📋 납세의무자의 요청

1. 납세의무자가 요청하면 (제4방법이 아닌) 제5방법으로 과세가격을 결정할 수 있다.
2. 납세의무자가 요청하면 국내가공에 따른 부가가치를 공제하는 방식의 제4방법을 적용할 수 있다.
3. 잠정가격신고물품에 대하여 잠정가격을 확정할 수 없는 불가피한 사유가 있다고 인정되는 경우에는 납세의무자의 요청에 따라 확정신고기간을 연장할 수 있다. 이 경우 연장하는 기간은 신고기간의 만료일부터 2년을 초과할 수 없다.
4. 가산율 또는 공제율의 적용은 납세의무자의 요청이 있는 경우에 한한다.
5. 세관장은 납세의무자가 서면으로 요청하면 과세가격을 결정하는 데에 사용한 방법과 과세가격 및 그 산출근거를 그 납세의무자에게 서면으로 통보하여야 한다.
6. 납세의무자가 관세청장이 정하는 사유로 과세가격이나 관세율 등을 결정하기 곤란하여 부과고지를 요청하는 경우, 세관장이 관세를 부과·징수한다.

📋 화주의 요청 등

1. 화주가 간이세율의 적용을 받지 아니할 것을 요청한 경우, 간이세율을 적용하지 아니한다.
2. 일괄하여 수입신고가 된 물품으로서 물품별 세율이 다른 물품에 대해서는 신고인의 신청에 따라 그 세율 중 가장 높은 세율을 적용할 수 있다.
3. 관세청장이 정하는 물품 중 화주가 요청하는 것은 기간이 지나기 전이라도 공고한 후 매각할 수 있다.
4. 압수물품에 대하여 피의자 또는 관계인이 매각을 요청하는 경우 피의자 또는 관계인에게 통고한 후 매각하여 그 대금을 보관하거나 공탁할 수 있다.

2 과세가격 결정의 원칙

1. 관세평가 제1방법(법 제30조)

수입물품의 과세가격은 우리나라에 수출하기 위하여 판매되는 물품에 대하여 구매자가 실제로 지급하였거나 지급해야 할 가격에 법정가산요소를 더하고 조정한 거래가격이다.

2. 제1방법 적용 요건(법 제30조)

> 다음의 조건을 갖추지 못하는 경우, 법 제31조 ~ 제35조 방법으로 과세가격 결정
> ① 우리나라에 수출·판매되는 물품이어야 한다.
> ② 법정가산금액 자료에 하자가 없어야 한다.
> ③ 신고가격에 하자가 없어야 한다.
> ④ 가격 결정 과정에 하자가 없어야 한다.

① 우리나라에 수출·판매되는 물품이어야 한다.

📋 우리나라에 수출하기 위하여 판매되는 물품이 아닌 것

1. 무상으로 국내에 도착하는 물품
2. 임대차계약에 따라 국내에 도착하는 물품
3. 수출자의 책임으로 국내에서 판매하기 위해 국내에 도착하는 물품
4. 무상으로 임차하여 국내에 도착하는 물품
5. 산업쓰레기 등 수출자의 부담으로 국내에서 폐기하기 위해 국내에 도착하는 물품
6. 국내 도착 후 경매 등을 통하여 판매가격이 결정되는 위탁판매물품
7. 별개의 독립된 법적 사업체가 아닌 지점 등과의 거래에 따라 국내에 도착하는 물품

② 법정가산금액 자료에 하자가 없어야 한다.

법정가산금액을 더할 때에는 객관적이고 수량화할 수 있는 자료에 근거하여야 한다.

③ 신고가격에 하자가 없어야 한다.

과세가격 불인정의 범위에 해당 → 세관장이 납세의무자에게 신고가격이 사실과 같음을 증명하는 자료제출을 요구함 → 다음에 해당하는 경우 제2방법 ~ 제6방법 적용

> ㉠ 납세의무자가 요구받은 자료를 제출하지 아니하는 경우
> ㉡ 납세의무자가 제출한 자료가 일반적으로 인정된 회계원칙에 부합하지 아니하게 작성된 경우
> ㉢ 납세의무자가 제출한 자료가 수입물품의 거래관계를 구체적으로 나타내지 못하는 경우
> ㉣ 그 밖에 납세의무자가 제출한 자료에 대한 사실관계를 확인할 수 없는 등 신고가격의 정확성이나 진실성을 의심할만한 합리적인 사유가 있는 경우

📋 과세가격 불인정의 범위(영 제24조)

1. 납세의무자가 신고한 가격이 동종·동질물품 또는 유사물품의 가격과 현저한 차이가 있는 경우
2. 납세의무자가 동일한 공급자로부터 계속하여 수입하고 있음에도 불구하고 신고한 가격에 현저한 변동이 있는 경우
3. 납세의무자가 거래처를 변경한 경우로서 신고한 가격이 종전의 가격과 현저한 차이가 있는 경우
4. 신고한 물품이 원유·광석·곡물 등 국제거래시세가 공표되는 물품인 경우 신고한 가격이 그 국제거래시세와 현저한 차이가 있는 경우
5. 신고한 물품이 원유·광석·곡물 등으로서 국제거래시세가 공표되지 않는 물품인 경우 관세청장 또는 관세청장이 지정한 자가 조사한 수입물품의 산지 조사가격이 있는 때에는 신고한 가격이 그 조사가격과 현저한 차이가 있는 경우
6. 위 사유에 준하는 사유로서 기획재정부령으로 정하는 경우

④ 가격 결정 과정에 하자가 없어야 한다.
  ㉠ 해당 물품의 처분 또는 사용에 제한이 있는 경우(세관장이 정하는 경우 제외)

처분·사용에 제한이 있는 경우에 포함되는 것	• 전시용·자선용·교육용 등 특정용도로 사용하도록 하는 제한 • 당해 물품을 특정인에게만 판매 또는 임대하도록 하는 제한 • 기타 당해 물품의 가격에 실질적으로 영향을 미치는 제한
처분·사용에 제한이 있는 것으로 보지 않는 경우	• 우리나라의 법령이나 처분에 의하여 부과·요구되는 제한 • 수입물품이 판매될 수 있는 지역의 제한 • 그 밖에 수입가격에 실질적으로 영향을 미치지 않는다고 세관장이 인정하는 제한

  ㉡ 해당 물품에 대한 거래의 성립 또는 가격의 결정이 금액으로 계산할 수 없는 조건 또는 사정에 따라 영향을 받은 경우

> • 구매자가 판매자로부터 특정수량의 다른 물품을 구매하는 조건으로 당해 물품의 가격이 결정되는 경우
> • 구매자가 판매자에게 판매하는 다른 물품의 가격에 따라 당해 물품의 가격이 결정되는 경우
> • 판매자가 반제품을 구매자에게 공급하고 그 대가로 그 완제품의 일정수량을 받는 조건으로 당해 물품의 가격이 결정되는 경우

  ㉢ 해당 물품을 수입한 후에 전매·처분 또는 사용하여 생긴 수익의 일부가 판매자에게 직접 또는 간접으로 귀속되는 경우
  ㉣ 구매자와 판매자 간에 대통령령으로 정하는 특수관계가 있어 그 특수관계가 해당 물품의 가격에 영향을 미친 경우(단, 산업부문의 정상적인 가격결정 관행에 부합하는 방법으로 결정된 경우 제외)

📋 특수관계의 범위(영 제23조)

1. 구매자와 판매자가 「국세기본법 시행령」상 친족관계에 있는 경우
2. 구매자 및 판매자 중 일방이 상대방에 대하여 법적으로 또는 사실상으로 지시나 통제를 할 수 있는 위치에 있는 등 일방이 상대방을 직접 또는 간접으로 지배하는 경우
3. 구매자 및 판매자가 동일한 제3자에 의하여 직접 또는 간접으로 지배를 받는 경우
4. 구매자 및 판매자가 동일한 제3자를 직접 또는 간접으로 공동지배하는 경우
5. 구매자와 판매자가 상호 법률상의 동업자인 경우
6. 특정인이 구매자 및 판매자의 의결권 있는 주식을 직접 또는 간접으로 5퍼센트 이상 소유하거나 관리하는 경우
7. 구매자와 판매자가 고용관계에 있는 경우
8. 구매자와 판매자가 상호 사업상의 임원 또는 관리자인 경우

❸ 과세가격 결정의 구체적 절차(가산과 공제)

📑 과세가격의 결정

1. 과세가격 = 구매자가 실제로 지급하였거나 지급하여야 할 가격 + 법정가산요소
2. 구매자가 실제로 지급하였거나 지급하여야 할 가격 = 포함요소 – 공제요소

1. '구매자가 실제로 지급하였거나 지급하여야 할 가격'

수입물품의 대가로서 구매자가 지급하였거나 지급하여야 할 총금액을 말한다.

포함되는 금액	① 구매자가 해당 수입물품의 대가와 판매자의 채무를 상계하는 금액 ② 구매자가 판매자의 채무를 변제하는 금액 ③ 수입물품의 거래조건으로 판매자 또는 제3자가 수행해야 하는 하자보증을 구매자가 대신하고 그에 해당하는 금액을 할인받았거나, 하자보증비 중 전부 또는 일부를 별도로 지급하는 경우 그 금액 ④ 수입물품의 대가 중 전부 또는 일부를 판매자의 요청으로 제3자에게 지급하는 경우 그 금액 ⑤ 수입물품의 거래조건으로 구매자가 외국훈련비, 외국교육비 또는 연구개발비 등을 지급하는 경우 그 금액 ⑥ 그 밖에 일반적으로 판매자가 부담하는 금융비용 등을 구매자가 지급하는 경우 그 금액
공제되는 금액	① 수입 후에 하는 해당 수입물품의 건설, 설치, 조립, 정비, 유지 또는 해당 수입물품에 관한 기술지원에 필요한 비용 ② 수입항에 도착한 후 해당 수입물품을 운송하는 데에 필요한 운임·보험료와 그 밖에 운송과 관련되는 비용 ③ 우리나라에서 해당 수입물품에 부과된 관세 등의 세금과 그 밖의 공과금 ④ 연불조건의 수입인 경우에는 해당 수입물품에 대한 연불이자

2. 법정가산요소

① 구매자가 부담하는 수수료와 중개료. 다만 구매수수료는 제외한다.

📑 구매 수수료

1. 구매수수료: 수입물품의 구매와 관련하여 외국에서 구매자를 대리하여 행하는 용역의 대가로서 구매자가 구매대리인에게 지급하는 비용 → 가산하지 않는다(비과세).
2. 구매자를 대리하여 행하는 용역: 구매자의 계산과 위험부담으로 공급자 물색, 구매관련 사항 전달, 샘플수집, 물품검사, 보험·운송·보관 및 인도 등을 알선하는 용역
3. 구매자를 대리하여 행하는 용역이 아닌 것: 구매대리인이 자기의 계산으로 용역을 수행하는 경우, 구매대리인이 수입물품에 대하여 소유권 등이 있는 경우, 구매대리인이 거래나 가격을 통제하여 실질적인 결정권을 행사하는 경우

② 해당 수입물품과 동일체로 취급되는 용기의 비용과 해당 수입물품의 포장에 드는 노무비와 자재비로서 구매자가 부담하는 비용
③ 수입물품의 부분품이나 생산에 필요한 기술 등을 무료공급하는 경우 본래가격과 인하 공급하는 경우 인하차액(생산지원비용)

📄 **무료 또는 인하된 가격으로 공급하는 물품 및 용역의 범위**

1. 수입물품에 결합되는 재료·구성요소·부분품 그 밖에 이와 비슷한 물품
2. 수입물품의 생산에 사용되는 공구·금형·다이스 및 그 밖에 이와 비슷한 물품으로서 해당 수입물품의 조립·가공·성형 등의 생산과정에 직접 사용되는 기계·기구 등
3. 수입물품의 생산과정에 소비되는 물품
4. 수입물품의 생산에 필요한 기술·설계·고안·공예 및 디자인. 다만, 우리나라에서 개발된 것을 제외한다.

④ 특허권 등의 권리사용료(특허권·실용신안권·디자인권·상표권·저작권·영업비밀 등을 사용하는 대가로 지급하는 금액)로 구매자가 지급하는 금액(해당 물품과의 관련성이 있어야 하며, 거래조건으로 지급되어야 한다)

📄 **관련성이 있는 것으로 보는 경우**

1. 특허권: 특허발명품, 방법에 의한 특허에 의하여 생산된 물품, 부분품·구성요소 등에 특허의 내용이 구현되어 있는 물품, 방법에 의한 특허 실시에 적합한 설비·기계·장치
2. 디자인권: 디자인을 표현하는 물품이거나 국내에서 해당 디자인권에 의하여 생산되는 물품의 부분품 또는 구성요소로서 그 자체에 해당 디자인의 전부 또는 일부가 표현되어 있는 경우
3. 상표권: 수입물품에 상표가 부착되거나 희석·혼합·분류·단순조립·재포장 등의 경미한 가공 후에 상표가 부착되는 경우
4. 저작권: 수입물품에 가사·선율·영상·컴퓨터소프트웨어 등이 수록되어 있는 경우
5. 실용신안권, 영업비밀: 특허권 규정에 준하는 관련이 있는 경우
6. 기타의 권리: 위의 규정 중 가장 유사한 권리에 준하는 관련이 있는 경우

📄 **권리사용료가 거래조건으로 지급되는 것으로 보는 경우**

1. 구매자가 수입물품을 구매하기 위하여 판매자에게 권리사용료를 지급하는 경우
2. 수입물품의 구매자와 판매자 간의 약정에 따라 구매자가 수입물품을 구매하기 위하여 당해 판매자가 아닌 자에게 권리사용료를 지급하는 경우
3. 구매자가 수입물품을 구매하기 위하여 판매자가 아닌 자로부터 특허권 등의 사용에 대한 허락을 받아 판매자에게 그 특허권 등을 사용하게 하고 당해 판매자가 아닌 자에게 권리사용료를 지급하는 경우

⑤ 해당 수입물품을 수입한 후 전매·처분 또는 사용하여 생긴 수익금액 중 판매자에게 직접 또는 간접으로 귀속되는 금액

귀속수익금액에 포함되는 것	해당 수입물품의 전매·처분대금, 임대료 등
귀속수익금액에서 제외되는 것	주식배당금 및 금융서비스의 대가 등 수입물품과 관련이 없는 금액

⑥ 수입항까지의 운임·보험료와 그 밖에 운송과 관련되는 비용으로서 대통령령으로 정하는 바에 따라 결정된 금액(기획재정부령으로 정하는 수입물품은 제외)

운임·보험료 산출 원칙	당해 사업자가 발급한 운임명세서·보험료명세서 또는 이에 갈음할 수 있는 서류에 의하여 산출
기획재정부령으로 정하는 물품이 항공기로 운송되는 경우	해당 물품이 항공기 외의 일반적인 운송방법에 의하여 운송된 것으로 보아 운임·보험료 산출

특수조건 운송의 운임이 통상의 운임과 현저하게 다른 때	선박회사·항공사가 통상적으로 적용하는 운임 적용	
	특수조건 운송	㉠ 수입자 또는 수입자와 특수관계에 있는 선박회사 등의 운송수단으로 운송되는 물품 ㉡ 운임과 적재수량을 특약한 항해용선계약에 따라 운송되는 물품 ㉢ 기타 특수조건에 의하여 운송되는 물품
'수입항까지의 금액'의 구체적 기준	해당 수입물품이 수입항에 도착하여 본선하역준비가 완료될 때까지	

제2장 해커스공무원 이명호 관세법 핵심요약집

4 제2방법(법 제31조)과 제3방법(법 제32조)

구분	제2방법 (동종·동질물품의 거래가격을 기초로 한 과세가격 결정방법)	제3방법 (유사물품의 거래가격을 기초로 한 과세가격 결정방법)
물품의 범위	동종·동질물품의 범위 ① 해당 수입물품의 생산국에서 생산된 것 ② 물리적 특성, 품질 및 소비자 등의 평판을 포함한 모든 면에서 동일한 물품 ③ 외양에 경미한 차이가 있을 뿐 그 밖의 모든 면에서 동일한 물품 포함	유사물품의 범위 ① 당해 수입물품의 생산국에서 생산된 것 ② 모든 면에서 동일하지는 아니하지만 동일한 기능을 수행하고 대체사용이 가능할 수 있을만큼 비슷한 특성과 비슷한 구성요소를 가지고 있는 물품
거래가격 요건	① 과세가격으로 인정된 사실이 있어야 한다. ② 과세가격을 결정하려는 해당 물품의 생산국에서 생산된 것으로서 해당 물품의 선적일에 선적되거나 해당 물품의 선적일을 전후하여 가격에 영향을 미치는 시장조건이나 상관행에 변동이 없는 기간 중에 선적되어 우리나라에 수입된 것일 것	

	선적일	㉠ 수입물품을 수출국에서 우리나라로 운송하기 위하여 선적하는 날(선하증권, 송품장 등으로 확인) ㉡ 선적일의 확인이 곤란한 경우로서 해당 물품의 선적국 및 운송수단이 동종·동질물품(유사물품)의 선적국 및 운송수단과 동일한 경우에는 "선적일"을 "입항일"로, "선적"을 "입항"으로 본다.
	선적일을 전후하여 가격에 영향을 미치는 시장조건이나 상관행에 변동이 없는 기간	㉠ 해당 물품의 선적일 전 60일과 선적일 후 60일을 합한 기간 ㉡ 농림축산물 등 계절에 따라 가격의 차이가 심한 물품의 경우 선적일 전 30일과 선적일 후 30일을 합한 기간
	③ 거래 단계, 거래 수량, 운송 거리, 운송 형태 등이 해당 물품과 같아야 하며, 두 물품 간에 차이가 있는 경우에는 그에 따른 가격차이를 조정한 가격일 것	
거래가격이 둘 이상 있는 경우	① 거래내용 등이 해당 물품과 가장 유사한 것에 해당하는 물품의 가격을 기초로 하여 과세가격을 결정한다. ② 거래내용 등이 같은 물품이 둘 이상이 있고 그 가격도 둘 이상이 있는 경우에는 가장 낮은 가격을 기초로 하여 과세가격을 결정한다.	

제2장 과세가격과 관세의 부과·징수 등 **35**

5 제4방법(국내판매가격을 기초로 한 과세가격 결정방법)(법 제33조)

국내판매 단위가격 [A]	① 해당 물품, 동종·동질물품, 유사물품이 수입된 것과 동일한 상태로 ② 해당 물품의 수입신고일 또는 수입신고일과 거의 동시에(수입신고일부터 90일이 경과된 후에 판매되는 가격 제외) ③ 특수관계가 없는 자에게 ④ 가장 많은 수량으로 ⑤ 수입 후 최초의 거래에서 판매되는 단위가격
법정 공제요소 [B]	① 국내판매와 관련하여 통상적으로 지급하였거나 지급하여야 할 것으로 합의된 수수료 ② 동종·동류의 수입물품이 국내에서 판매되는 때에 통상적으로 부가되는 이윤 및 일반경비에 해당하는 금액 ③ 수입항에 도착한 후 국내에서 발생한 통상의 운임·보험료와 그 밖의 관련 비용 ④ 해당 물품의 수입 및 국내판매와 관련하여 납부하였거나 납부하여야 하는 조세와 그 밖의 공과금
과세가격	일반적인 경우 A - B
	국내가공이 된 경우 (납세의무자가 요청할 때) A - B - 국내가공에 따른 부가가치

6 제5방법(산정가격을 기초로 한 과세가격 결정방법)(법 제34조)

가격 산정시 합산할 요소
① 해당 물품의 생산에 사용된 원자재 비용 및 조립 기타 가공에 소요되는 비용 또는 그 가격
② 수출국 내에서 해당 물품과 동종·동류의 물품의 생산자가 우리나라에 수출하기 위하여 판매할 때 통상적으로 반영하는 이윤 및 일반 경비에 해당하는 금액
③ 해당 물품의 수입항까지의 운임·보험료와 그 밖에 운송과 관련된 비용

7 제6방법(합리적 기준에 따른 과세가격 결정방법)(법 제35조)

1. 합리적 기준

제2방법·제3방법 적용 요건의 신축해석	① 해당 물품의 생산국에서 생산된 것이라는 장소적 요건을 다른 생산국에서 생산된 것으로 확대하여 해석·적용하는 방법 ② 해당 물품의 선적일 또는 선적일 전후라는 시간적 요건을 선적일 전후 90일로 확대하여 해석·적용하는 방법
제4방법 적용 요건의 신축해석	① '납세의무자가 요청하지 않는 경우에도' 국내 가공에 따른 부가가치를 공제하는 방식으로 과세가격을 결정하는 방법 ② 수입신고일부터 '90일 이내'에 판매되어야 한다는 조건을 '180일 이내'로 확대 적용하는 방법
제2방법·제3방법 '거래가격'의 신축해석	국내판매가격·산정가격을 기초로 결정된 가격이 과세가격으로 인정된바 있는 동종·동질물품 또는 유사물품의 과세가격을 기초로 과세가격을 결정하는 방법
기타	그 밖에 거래의 실질 및 관행에 비추어 합리적이라고 인정되는 방법

2. 제6방법 적용시 '기준'으로 해서는 안 되는 가격

거래 당사자의 위치에 하자가 있는 가격	① 우리나라에서 생산된 물품의 국내판매가격 ② 수출국의 국내판매가격 ③ 우리나라 외의 국가에 수출하는 물품의 가격
자연적으로 형성되지 않은 가격	④ 선택가능한 가격 중 반드시 높은 가격을 과세가격으로 해야 한다는 기준에 따라 결정하는 가격 ⑤ 동종·동질물품 또는 유사물품에 대하여 제5방법 외의 방법으로 생산비용을 기초로 하여 결정된 가격 ⑥ 특정수입물품에 대하여 미리 설정하여 둔 최저과세기준가격 ⑦ 자의적 또는 가공적인 가격

3. 기획재정부령으로 과세가격 결정에 필요한 세부사항을 정하는 물품

① 여행자 또는 승무원의 휴대품·우편물·탁송품·별송품
② 그 밖에 기획재정부령으로 정하는 물품
③ 범칙물품
④ 수입신고전 변질·손상된 물품
⑤ 중고품
⑥ 석유로서 국제거래시세를 조정한 가격으로 보세구역에서 거래되는 물품
⑦ 법 제188조 단서의 규정에 의하여(보세공장 혼용승인을 얻어 제품과세를 할 때) 외국물품으로 보는 물품
⑧ 임차수입물품

Ⅲ. 과세가격 관련 기타 규정

1 가산율 또는 공제율의 적용(영 제30조)

목적	납세의무자의 편의와 신속한 통관업무를 위하여
방식	관세청장이나 세관장은 ① 통상적으로 인정되는 가산율 또는 공제율을 정하여 적용함 ② 심사하여 20일 이내에 가산율 또는 공제율 결정서를 발급함 ③ 가산율 또는 공제율 결정서를 발급한 날부터 1년간 적용함
적용 요건	① 장기간 반복하여 수입되는 물품에 적용 ② 제1방법 및 제4방법에만 적용 ③ 납세의무자의 요청이 있는 경우에만 적용 ④ 소수점 이하 셋째 자리수까지만 계산한 후 이를 반올림하여 둘째 자릿수까지 산정

2 과세가격 결정방법의 사전심사(법 제37조)

사전심사 신청	납세신고를 하여야 하는 자는 과세가격 결정과 관련하여 의문이 있을 때에는 가격신고를 하기 전에 관세청장에게 미리 심사하여 줄 것을 신청할 수 있다.	
사전심사 대상	① 제30조 제1항부터 제3항까지에 규정된 사항 ② 제30조에 따른 방법으로 과세가격을 결정할 수 없는 경우에 적용되는 과세가격 결정방법	③ 특수관계가 있는 자들 간에 거래되는 물품의 과세가격 결정방법
심사 기간	1개월	1년
보정 기간	20일 이내	30일 이내
보고서 제출	×	심사결과를 적용하여 산출한 과세가격 등이 포함된 보고서를 관세청장에게 제출 (보고서 미제출시, 사전심사 결과를 변경, 철회, 취소할 수 있다)
신청언어	① 한글로 작성하여 제출 ② 관세청장이 허용하는 경우 영문 등으로 제출 가능	
재심사 신청	사전심사 결과에 이의가 있는 경우 그 결과를 통보받은 날부터 30일 이내에 관세청장에게 재심사를 신청할 수 있다.	
심사결과 적용	① 사전심사 신청인과 납세의무자가 동일할 것 ② 사전심사 신청인이 제출한 내용에 거짓이 없고 가격신고된 내용과 같을 것 ③ 사전심사의 기초가 되는 법령이나 거래관계 등이 달라지지 아니하였을 것 ④ 사전심사결과의 통보일로부터 3년(특수관계에 있는 자가 결과 통보일을 기준으로 2년 이후부터 3년이 도래하기 30일 전까지 신고기간을 2년 연장하여 줄 것을 신청한 경우로서 관세청장이 이를 허용하는 경우에는 5년) 이내에 신고될 것	

3 관세의 과세가격 결정방법과 국세의 정상가격 산출방법의 사전조정(법 제37조의2)

사전조정 신청	특수관계가 있는 자들간에 거래되는 물품의 과세가격 결정방법에 관하여 의문이 있어 사전심사를 신청하는 자는 관세의 과세가격과 국세의 정상가격을 사전에 조정받기 위하여 정상가격 산출방법의 사전승인을 관세청장에게 동시에 신청할 수 있다.
사전조정 절차	① 관세청장은 국세청장에게 신청받은 사실을 통보하고, 국세청장과 협의하여야 한다. 협의가 이루어진 경우 사전조정을 하여야 한다. ② 관세청장은 조정신청을 받은 날부터 90일 이내에 사전조정 절차를 시작하고, 그 사실을 신청자에게 통지하여야 한다. ③ 관세청장은 사전조정절차를 시작할 수 없으면 그 사유를 신청자에게 통지하여야 한다. 이 경우 신청자는 그 통지를 받은 날부터 30일 이내에 자료를 보완하여 제출하거나 사전심사와 사전승인 절차를 따로 진행할 것인지를 관세청장에게 통지할 수 있다. 이 경우 관세청장은 그 통지받은 사항을 지체 없이 국세청장에게 알려야 한다.
처리결과 통보	관세청장은 사전조정 신청의 처리결과를 사전조정을 신청한 자와 기획재정부장관에게 통보하여야 한다.

4 특수관계자 수입물품 과세가격결정자료 제출(법 제37조의4)

세관장의 제출 요구	세관장은 세액심사시 특수관계자가 수입하는 물품의 과세가격 적정성을 심사하기 위하여 특수관계자에게 과세가격 결정자료를 제출할 것을 요구할 수 있다.
자료제출 기한	자료제출을 요구받은 날부터 60일 이내에 제출하여야 한다. 부득이한 사유가 있어 제출기한의 연장을 신청하는 경우 한 차례만 60일까지 연장할 수 있다.
제출기한 경과시 조치	① 제2방법 ~ 제6방법으로 과세가격 결정(이 경우 세관장은 과세가격을 결정하기 전에 특수관계에 있는 자와 협의해야 하며, 10일 이상의 기간 동안 의견을 제시할 기회를 주어야 한다) ② 1억원 이하의 과태료 부과 ③ 과태료를 부과받고도 자료를 제출하지 아니하거나 거짓의 자료를 시정하여 제출하지 아니하는 경우 미제출된 자료를 제출하도록 요구하거나 거짓의 자료를 시정하여 제출하도록 요구 ④ 30일 이내에 미제출 자료 제출 ⑤ 미제출 자료를 제출하지 않는 경우, 2억원 이하의 과태료 부과

제5절 부과와 징수

I. 세액의 확정

1 신고납부(법 제38조)

1. 세액심사

수입신고수리후 세액심사 (사후세액심사)	세관장은 납세신고를 받으면 수입신고서에 기재된 사항과 「관세법」에 따른 확인사항 등을 심사하되, 신고한 세액에 대해서는 수입신고를 수리한 후에 심사한다.	
수입신고수리전 세액심사 (사전세액심사)	① 관세 또는 내국세를 감면받고자 하는 물품 ② 관세를 분할납부하고자 하는 물품	㉠ 적정여부: 사전심사 ㉡ 과세가격 및 세율 등: 사후심사
	③ 관세를 체납하고 있는 자가 신고하는 물품	㉢ 제외: 체납액 10만원 미만이거나 체납기간 7일 이내 수입신고하는 경우
	④ 관세청장이 정하는 기준에 해당하는 불성실신고인이 신고하는 물품	
	⑤ 물품의 가격변동이 큰 물품 기타 수입신고 수리후에 세액을 심사하는 것이 적합하지 아니하다고 인정하여 관세청장이 정하는 물품	

2. 기업자율심사

방식	세관장은 납세실적·수입규모 등을 고려하여 관세청장이 정하는 요건을 갖춘 자가 신청할 때에는 납세신고한 세액을 자체적으로 심사하게 할 수 있다.
세관장의 자료 제공	세관장은 자율심사업체에게 수출입업무의 처리방법 및 체계 등에 관한 관세청장이 정한 자료를 제공하여야 한다.
자율심사결과 등의 제출	① 자율심사업체는 세관장이 제공한 자료에 따라 자율심사결과 및 조치내용을 세관장에게 제출하여야 한다. ② 자율심사업체는 해당 결과를 제출하기 전에 납부세액의 과부족분에 대해 보정신청, 수정신고, 경정청구하여야 하며, 과다환급금이 있는 경우 세관장에게 통지하여야 한다.
세관장의 평가 통지	세관장은 자율심사업체가 제출한 결과를 평가하여 자율심사업체에 통지하여야 한다(부적절한 심사의 경우: 추가자료 요청 또는 방문심사 후 통지).

3. 신용카드·직불카드 등에 의한 관세납부

준용 규정	「국세징수법」 제12조(납부의 방법)
납부대상	납세의무자가 신고하거나 세관장이 부과 또는 경정하여 고지한 세액(세관장이 관세와 함께 징수하는 내국세 등의 세액 포함)
관세납부 대행기관	① 금융결제원 ② 관세청장이 관세납부대행기관으로 지정하는 자
납부대행 수수료	① 납세자 → 납부대행기관 ② 관세청장 승인(상한: 납부세액의 1%)

2 세액의 변경

구분		세액을 납부하기 전	보정기간 (신고납부한 날부터 6개월 이내)	보정기간 경과 후
납세 의무자		정정	보정	수정
			경정청구	
세관장			경정	

1. 정정(법 제38조 제4항)

주체	납세의무자
시기	세액을 납부하기 전
대상	납세신고한 세액의 과부족
납부기한	당초의 납부기한
가산세	(없음)

2. 보정신청(법 제38조의2)

주체		납세의무자(단, 세관장이 보정신청을 하도록 통지할 수 있다)
시기		보정기간(신고납부한 날부터 6개월 이내)
대상		신고납부한 세액의 부족, 과세가격·품목분류 등의 오류
납부기한		보정신청한 날의 다음날까지
가산세	원칙	(없음)
	예외	납세의무자가 부정한 행위로 과소신고한 후 보정신청한 경우 가산세 부과 (부족세액의 60% + 이자)
보정이자	금액	부족세액 × 납부기한 다음날부터 보정신청한 날까지의 기간 × 1년 만기 정기예금 이자율의 평균(연 1천분의 35)
	면제 사유	① 국가·지자체·지자체조합이 직접 수입하는 물품, 국가·지자체·지자체조합에 기증되는 물품, 우편물(신고대상 제외) ② 신고납부한 세액의 부족 등에 대하여 납세의무자에게 정당한 사유가 있는 경우 ㉠ 천재지변 등으로 인한 기한 연장 사유에 해당하는 경우 ㉡ 법 해석에 관한 질의·회신 등에 따라 신고·납부했으나 이후 동일한 사안에 대해 다른 과세처분을 하는 경우 ㉢ 납세자가 의무를 이행하지 않은 정당한 사유가 있는 경우

3. 수정신고

주체	납세의무자
시기	보정기간이 지난 날부터 관세부과 제척기간이 끝나기 전까지
대상	신고납부한 세액의 부족
납부기한	수정신고한 날의 다음날까지

4. 경정청구 및 경정

① 5년 경정청구(법 제38조의3)

주체	납세의무자 → 세관장
시기	최초로 납세신고를 한 날부터 5년 이내
대상	신고납부한 세액의 과다

② 2개월 경정청구(법 제38조의3)

주체	납세의무자 → 세관장
시기	그 사유가 발생한 것을 안 날부터 2개월 이내
대상	(다음의 사유로 인한) 납부세액의 과다 ㉠ 최초의 신고 또는 경정에서 계산근거 등이 소송에 대한 판결(화해 포함)에 의하여 다른 것으로 확정된 경우 ㉡ 최초의 신고 또는 경정을 할 때 과세표준·세액을 계산할 수 없었으나 그 후 해당 사유가 소멸한 경우 ㉢ 원산지증명서 등의 진위여부 등을 회신받은 세관장으로부터 그 회신 내용을 통보받은 경우

③ 3개월/5년 경정청구(수입물품의 과세가격 조정에 따른 경정, 법 제38조의4)

주체	납세의무자 → 세관장
시기	㉠ 세무서장 등의 결정·경정처분 또는 사전승인이 있음을 안 날부터 3개월 내 ㉡ 최초로 납세신고를 한 날부터 5년 내
대상	지방국세청장·세무서장·국세청장이 거래가격과 「관세법」에 따른 과세가격 간 차이가 발생한 경우

④ 경정

주체	세관장
기한	경정청구를 받은 날부터 2개월 이내
대상	신고납부한 세액, 납세신고한 세액, 경정청구한 세액의 과부족
불복청구	2개월 이내 통지를 받지 못한 경우, 그 2개월이 되는 날의 다음날부터 이의신청·심사청구·심판청구·감사원심사청구 청구 가능

> 📋 **정상가격과 과세가격 간 조정신청**
> '3개월/5년 경정청구'에 따른 세관장의 (경정)통지에 이의가 있는 청구인은 그 통지를 받은 날(2개월 내에 통지를 받지 못한 경우에는 2개월이 지난 날)부터 30일 내에 기획재정부장관에게 국세의 정상가격과 관세의 과세가격 간의 조정을 신청할 수 있다.

3 부과고지(법 제39조)

1. 부과고지 대상

① 법 제16조 제1호 ~ 제6호, 제8호 ~ 제11호에 해당되어 관세를 징수하는 경우

② 보세건설장에서 건설된 시설로서 수입신고 수리전에 가동된 경우

③ 보세구역에 반입된 물품이 수입신고 수리전에 반출된 경우

④ 납세의무자가 관세청장이 정하는 사유로 과세가격이나 관세율 등을 결정하기 곤란하여 부과고지를 요청하는 경우

⑤ 수입신고전 즉시 반출한 물품을 반출신고 후 10일 내 수입신고를 하지 아니하여 관세를 징수하는 경우

⑥ 그 밖에 납세신고가 부적당한 것으로서 기획재정부령으로 정하는 경우
　　㉠ 여행자 또는 승무원의 휴대품 및 별송품
　　㉡ 우편물(수입신고대상 우편물 제외)
　　㉢ 법령의 규정에 의하여 세관장이 관세를 부과·징수하는 물품
　　㉣ 기타 납세신고가 부적당하다고 인정하여 관세청장이 지정하는 물품

2. 관세추징 등

① 관세추징(법 제39조 제2항)

세관장은 과세표준, 세율, 관세의 감면 등에 관한 규정의 적용 착오 또는 그 밖의 사유로 이미 징수한 금액이 부족한 것을 알게 되었을 때에는 그 부족액을 징수한다.

② 납부고지서의 교부 사유

부과고지(법 제39조 제3항)·과다환급관세징수(법 제47조 제1항) 또는 부정환급액징수(법 제270조 제5항 후단)의 규정에 의하여 관세를 징수하려는 때

③ 징수금액의 최저한(법 제40조)

세관장은 납세의무자가 납부하여야 하는 세액이 1만원 미만인 경우 이를 징수하지 아니한다(이 경우 수입신고수리일을 그 납부일로 본다).

4 가산세(법 제42조)

1. 미납부세액·부족세액 징수에 따른 가산세

사유	• 미납부세액을 징수할 때(아래의 ② + ③) • 수정신고 또는 경정에 따라 부족세액을 징수할 때(아래의 ① + ②)
금액	① 부족세액의 10% ② 미납부세액 또는 부족세액 × 법정납부기한의 다음날부터 납부일까지의 기간(납부고지일부터 납부고지서에 따른 납부기한까지의 기간은 제외) × 1일 10만분의 22의 율 ③ 법정납부기한까지 납부하여야 할 세액 중 납부고지서에 따른 납부기한까지 납부하지 아니한 세액 × 3%(납부고지서에 따른 납부기한까지 완납하지 아니한 경우)
가중 부과	부정한 행위로 과소신고한 경우, 부족세액의 60% + (위의) ② + ③

해커스공무원 이명호 관세법 핵심요약집

📋 **가산세의 감면(법 제42조의2)**

❶ 법 제42조 제1항 제1호: 부족세액의 100분의 10
❷ 법 제42조 제1항 제2호: 납부지연가산세

호	감면 사유		감면액
1	수리전 납부, 수리전 수정신고·경정		❶+❷(가산세 완전 면제)
2	잠정가격 신고		❶+❷(가산세 완전 면제)
3	특수관계자 간 과세가격 결정방법 사전심사 통보일부터 2개월 이내 수정신고		❶
4	감면대상·감면율 잘못 적용		❶
5	보정기간 지난 날부터 1년 6개월 전 수정신고	~ 6개월	❶의 30%
		6개월 ~ 1년	❶의 20%
		1년 ~ 1년 6개월	❶의 10%
6	국가·지자체 등 수입물품		❶+❷(가산세 완전 면제)
7	과세전적부심 결정·통지 불이행		지연된 기간에 부과되는 가산세의 50%
8	납세의무자에게 정당한 사유		❶+❷(가산세 완전 면제)

2. 수입신고를 하지 아니한 물품에 대한 가산세

사유	수입신고를 하지 아니한 물품에 대하여 관세를 부과·징수할 때
금액 (①, ②, ③ 합계액)	① 해당 관세액의 20%(밀수입죄 등에 해당하여 처벌받거나 통고처분을 받은 경우, 60%) ② 해당 관세액 × 수입된 날부터 납부일까지의 기간(납부고지일부터 납부고지서에 따른 납부기한까지의 기간은 제외) × 1일 10만분의 22의 율 ③ 해당 관세액 중 납부고지서에 따른 납부기한까지 납부하지 아니한 세액 × 3%(납부고지서에 따른 납부기한까지 완납하지 아니한 경우)
제외	• 휴대품·이사물품 신고불이행에 따라 가산세를 징수하는 경우 • 천재지변 등 수입신고를 하지 아니하고 수입한 데에 정당한 사유가 있는 것으로 세관장이 인정하는 경우

3. 가산세 제한 규정

가산세 적용 기간	납부고지서에 따른 납부기한의 다음날부터 납부일까지의 기간이 5년을 초과하는 경우, 그 기간은 5년으로 한다.
소액 체납시 가산세 경감	관세(내국세 포함)가 150만원 미만인 경우, (위의) 1.의 ② 및 2.의 ②를 적용하지 아니한다.
납부지연 가산세	납부지연가산세[1.의 ②·③, 2.의 ②·③] 중 납부고지서에 따른 납부기한 후의 납부지연가산세를 징수하는 경우에는 납부고지서를 발급하지 아니할 수 있다.

Ⅱ. 강제징수 등

1 압류·매각의 유예(법 제43조의2)

유예 이유	사업을 정상적으로 운영 → 체납액의 징수가 가능하다고 인정되는 경우	
유예기간	유예한 날부터 2년 이내(유예기간 이내에 분할 납부 가능)	
압류 해제	이미 압류한 재산의 압류 해제 가능	
담보 제공	요구하는 경우	압류 유예·압류 해제하는 경우
	요구하지 않는 경우	압류·매각 유예 결정일 기준으로 최근 3년 이내에 법 위반으로 처벌받은 사실이 없는 체납자 + 체납액 납부계획의 타당성 인정

압류·매각 유예 취소	① 체납액을 분납계획에 따라 납부하지 아니한 경우(정당한 사유가 있는 것으로 세관장이 인정하는 경우, 압류·매각의 유예를 취소하지 아니할 수 있다)
	② 담보의 변경이나 그 밖에 담보 보전에 필요한 세관장의 명령에 따르지 아니한 경우
	③ 재산상황이나 그 밖의 사정변화로 유예할 필요가 없다고 인정될 경우
	④ 다음 중 하나에 해당되어 유예기한까지 체납액 전액을 징수할 수 없다고 인정될 경우
	
	   ㉠ 국세·지방세·공과금의 체납으로 강제징수·체납처분이 시작된 경우
	   ㉡ 경매가 시작된 경우
	   ㉢ 어음교환소에서 거래정지처분을 받은 경우
	   ㉣ 파산선고를 받은 경우
	   ㉤ 법인이 해산된 경우
	   ㉥ 관세의 체납이 발생되거나 관세를 포탈하려는 행위가 있다고 인정되는 경우	

재유예	세관장은 압류·매각의 유예를 받은 체납액에 대하여 유예기간이 지난 후 다시 압류·매각의 유예를 할 수 있다.	

2 체납자료의 제공(법 제44조)

제공 주체	세관장 → 신용정보집중기관, 그 밖에 대통령령으로 정하는 자
제공 목적	관세징수 또는 공익목적을 위하여
체납자료 제공대상	① 체납발생일부터 1년이 지나고 체납액이 대통령령으로 정하는 금액(500만원) 이상인 자 ② 1년에 3회 이상 체납하고 체납액이 대통령령으로 정하는 금액(500만원) 이상인 자
체납자료를 제공하지 않는 경우	① 이의신청, 심사청구, 심판청구, 행정소송이 계류 중인 경우 ② 천재지변 등의 사유 중 일부에 해당하는 경우(전쟁·화재 등 재해나 도난으로 인하여 재산에 심한 손실을 입은 경우, 사업에 현저한 손실을 입은 경우, 사업이 중대한 위기에 처한 경우) ③ 압류·매각이 유예된 경우
제공 절차	① 제공한 체납자료가 체납액의 납부 등으로 체납자료에 해당되지 아니하게 되는 경우에는 그 사실을 사유 발생일부터 15일 이내에 요구자에게 통지하여야 한다. ② 체납자료 파일의 정리, 관리, 보관 등에 필요한 사항은 관세청장이 정한다.
비밀 유지	체납자료를 제공받은 자는 이를 업무 목적 외의 목적으로 누설하거나 이용하여서는 아니된다.

Ⅲ. 「관세법」상의 관세 환급

1 관세환급금의 환급(법 제46조 ~ 제48조)

환급 청구	세관장은 납세의무자가 관세 · 가산세 · 강제징수비의 과오납금 또는 이 법에 따라 환급하여야 할 환급세액의 환급을 청구할 때에는, 세관장은 지체 없이 이를 관세환급금으로 결정하고 30일 이내에 환급하여야 하며, 세관장이 확인한 관세환급금은 납세의무자가 청구하지 아니하더라도 환급해야 한다.
충당	세관에 납부하여야 하는 관세와 그 밖의 세금, 가산세 또는 강제징수비가 있을 때에는 환급하여야 하는 금액에서 이를 충당할 수 있다.
양도	관세환급금에 관한 권리는 제3자에게 양도할 수 있다.
예산총계주의 예외	관세환급은 국가재정법 제17에도 불구하고, 한국은행의 해당 세관장의 소관 세입금에서 지급한다.
과다환급관세의 징수	세관장은 과다환급금액을 징수할 때에는 과다환급한 날의 다음날부터 징수결정을 하는 날까지의 기간에 대하여 대통령령으로 정하는 이율에 따라 계산한 금액을 과다환급액에 더하여야 한다.
관세환급가산금	세관장은 환급하거나 충당할 때 관세환급가산금 기산일부터 환급결정 또는 충당결정을 하는 날까지의 기간과 대통령령으로 정하는 이율에 따라 계산한 금액을 관세환급금에 더하여야 한다.

📋 대통령령으로 정하는 이율(환급가산금 이율)

1. 은행업의 인가를 받은 은행으로서 서울특별시에 본점을 둔 은행의 1년 만기 정기예금 이자율의 평균을 고려하여 기획재정부령으로 정하는 이자율
2. 기획재정부령으로 정하는 이자율: 연 1천분의 35

📋 관세환급가산금 기산일

착오납부, 이중납부, '납부 후 경정 또는 취소'로 발생한 관세환급	납부일의 다음날
적법하게 납부된 관세의 감면으로 발생한 관세환급	감면 결정일의 다음날
적법하게 납부된 후 법률이 개정되어 발생한 관세환급	개정된 법률의 시행일의 다음날
「관세법」에 따라 신청한 환급세액을 환급하는 경우	신청을 한 날부터 30일이 지난 날의 다음날 (신청 ✕, 세관장 직권 결정 ○: 결정일부터 30일이 지난 날의 다음날)
FTA관세법 제9조 제5항(협정관세 사후적용 신청)에 따른 환급	협정관세 적용 등의 통지일의 다음날

2 계약내용과 다른 물품 등에 대한 관세환급(법 제106조)

환급 요건	① 수입신고가 수리되어야 한다. ② 계약 내용과 달라야 한다. ③ 수입신고 당시의 성질이나 형태가 변경되지 아니하여야 한다. ④ 수입신고 수리일부터 1년 이내에 다음 중 어느 하나에 해당하여야 한다.	
	외국으로부터 수입된 물품	다음 어느 하나에 해당하는 장소에 해당 물품을 반입(수입신고 수리일부터 1년 이내에 반입한 경우로 한정한다)하였다가 다시 수출한 경우 ㉠ 보세구역(보세구역외 장치 허가를 받은 장소 포함) ㉡ 자유무역지역 중 관세청장이 수출물품을 일정기간 보관하기 위하여 필요하다고 인정하여 고시하는 장소 ㉢ 통관우체국
	보세공장에서 생산된 물품	보세공장에 이를 다시 반입하였을 것
일부 수출	환급세액을 산출하는 데에 지장이 없다고 인정하여 승인한 경우에는 그 수입물품의 일부를 수출하였을 때에도 그 관세를 환급할 수 있다.	
폐기	수입물품의 수출을 갈음하여 이를 폐기하는 것이 부득이하다고 인정하여 그 물품을 수입신고 수리일부터 1년 내에 보세구역에 반입하여 미리 세관장의 승인을 받아 폐기하였을 때에는 그 관세를 환급한다.	
환급액	① 수출물품 · 보세공장 반입물품	
	전부 수출 또는 보세공장 반입시	이미 납부한 관세의 전액
	일부 수출 또는 보세공장 반입시	일부물품에 해당하는 관세액
	② 폐기물품	
	폐기된 물품	이미 납부한 관세의 전액
	폐기에 의해 생긴 잔존물	폐기한 때의 해당 잔존물의 성질 · 수량 · 가격에 의하여 부과될 관세액을 공제한 금액
부과 취소	① 납부기한 종료 전, ② 징수유예 중, ③ 분할납부기간이 끝나지 아니하여 해당 물품에 대한 관세가 징수되지 아니한 경우에는 세관장은 해당 관세의 부과를 취소할 수 있다.	

3 지정보세구역 장치물품의 멸실·손상으로 인한 관세의 환급(법 제106조)

환급 요건	① 수입신고가 수리되어야 한다. ② 수입신고 수리 후에도 지정보세구역에 장치되어 있는 중에 재해로 멸실되거나 변질 또는 손상되어 그 가치가 떨어졌어야 한다.	
환급액	멸실된 물품	이미 납부한 관세의 전액
	변질 또는 손상된 물품 (손상감면 경감액과 동일)	다음의 두 금액 중 많은 것 ① 수입물품의 변질·손상으로 인한 가치의 감소에 따른 가격의 저하분에 상응하는 관세액 ② 수입물품의 관세액에서 그 변질·손상으로 인한 가치의 감소 후의 성질 및 수량에 의하여 산출한 관세액을 공제한 차액
부과 취소	① 납부기한 종료 전, ② 징수유예 중, ③ 분할납부기간이 끝나지 아니하여 해당 물품에 대한 관세가 징수되지 아니한 경우에는 세관장은 해당 관세의 부과를 취소할 수 있다.	

4 수입한 상태 그대로 수출되는 자가사용물품에 대한 관세 환급(법 제106조의2)

환급 요건 (1)	① 수입신고가 수리되어야 한다. ② 개인의 자가사용물품이 수입한 상태 그대로 수출되어야 한다. 　㉠ 해당 물품이 수입신고 당시의 성질 또는 형태가 변경되지 아니한 상태로 수출될 것 　㉡ 해당 물품이 국내에서 사용된 사실이 없다고 세관장이 인정할 것 ③ 다음 중 어느 하나에 해당하여야 한다. 　㉠ 수입신고 수리일부터 6개월 이내에 보세구역 또는 '자유무역지역 중 관세청장이 고시하는 장소'에 반입하였다가 다시 수출하는 경우 　㉡ 수입신고 수리일부터 6개월 이내에 관세청장이 정하는 바에 따라 세관장의 확인을 받고 다시 수출하는 경우 　㉢ 수출신고가 생략되는 탁송품 또는 우편물로서 수출신고가격이 200만원 이하인 물품을 수입신고 수리일부터 6개월 이내에 수출한 후 관세청장이 정하는 바에 따라 세관장의 확인을 받은 경우	
환급 요건 (2)	① 여행자가 자진신고하여야 한다. ② 물품이 다음 중 어느 하나에 해당하여야 한다. 　㉠ 국제무역선 또는 국제무역기 안에서 구입한 물품이 환불된 경우 　㉡ 보세판매장에서 구입한 물품이 환불된 경우	
환급액	물품을 전부 수출하거나 환불하는 경우	이미 납부한 관세의 전액
	물품의 일부를 수출하거나 환불하는 경우	그 일부 물품에 해당하는 관세액

5 종합보세구역 내 판매물품에 대한 관세 등의 환급(법 제199조의2)

환급 요건	① 외국인 관광객 등이어야 한다.
	
	    외국인관광객 등 외국환거래법 제3조에 따른 비거주자
	
	    제외 ㉠ 법인
	    ㉡ 국내에 주재하는 외교관(이에 준하는 외국공관원 포함)
	    ㉢ 국내에 주재하는 국제연합군과 미국군의 장병 및 군무원
	
	② 종합보세구역에서 구입한 물품을 국외로 반출하여야 한다.

판매인 의무	① 판매인은 관세청장이 정하는 바에 따라 판매물품에 대한 수입신고 및 신고납부를 하여야 한다. ② 판매인은 수입신고가 수리된 경우 구매자에게 당해 물품을 인도하되, 국외반출할 목적으로 구매한 외국인관광객 등에게 판매한 경우에는 물품 판매확인서를 교부하여야 한다.

환급 절차	외국인관광객 등에 대한 환급	① 출국항을 관할하는 세관장에게 판매확인서와 구매물품을 함께 제시하여 확인을 받아야 한다. ② 출국항 관할세관장은 판매확인서에 확인인을 날인하고, 외국인관광객 등에게 이를 교부하거나 판매인에게 송부하여야 한다. ③ 외국인관광객 등이 판매확인서를 교부받은 때에는 환급창구운영사업자에게 이를 제시하고 환급 또는 송금받을 수 있다.
	판매인에 대한 환급	① 판매인이 판매확인서를 송부받은 경우, 송부받은 날부터 20일 이내에 외국인관광객 등에게 송금하여야 한다. ② 판매인은 물품 판매 후, 구매한 날부터 3개월 이내에 국외반출사실이 확인되거나, 송금사실이 확인된 경우 관세 등을 환급받을 수 있다. ③ 판매인은 환급, 송금한 사실과 관련된 증거서류를 5년간 보관하여야 한다.

환급창구 운영사업자	관세청장은 환급창구운영사업자를 지정하여 운영할 수 있다.

제3장 　세율 및 품목분류

제1절 　통칙

1 세율의 종류(법 제49조)

	기본세율
수입물품에 부과되는 관세의 세율	잠정세율
	(법 제51조 ~ 법 제77조) 대통령령 또는 기획재정부령으로 정하는 세율

2 세율 적용의 우선순위(법 제50조)

1. 세율 적용 순위

1순위	① 덤핑방지관세 ② 상계관세 ③ 보복관세 ④ 긴급관세 ⑤ 특정국물품긴급관세 ⑥ 농림축산물에 대한 특별긴급관세 ⑦ 조정관세(법 제69조 제2호)	조정관세는 법 제69조 제2호의 경우에만 1순 위로 적용
2순위	① 편익관세 ② 국제협력관세	3 ~ 6순위 세율보다 낮은 경우에만 우선 적용
3순위	① 조정관세 ② 할당관세 ③ 계절관세	할당관세는 4순위 세율보다 낮은 경우에만 우 선 적용
4순위	일반특혜관세(GSP)	
5순위	잠정관세	
6순위	기본관세	

2. 적용 요건

농림축산물 양허관세	국제협력관세 중 국내외 가격차에 상당하는 율로 양허하거나 국내시장 개방과 함께 기본세율보다 높은 세율로 양허한 농림축산물에 대하여 양허한 세율(시장접근물량 양허세율 포함)은 기본세율 및 잠정세율에 우선하여 적용
잠정세율의 변경	잠정세율을 적용받는 물품에 대해서는 대통령령으로 정하는 바에 따라 그 물품의 전부 또는 일부에 대하여 잠정세율의 적용을 정지하거나 기본세율과의 세율차를 좁히도록 잠정세율을 올리거나 내릴 수 있다.
종량세 물품의 관세율 적용	탄력관세, 국제협력관세, 일반특혜관세의 세율을 적용할 때 별표 관세율표 중 종량세인 경우에는 해당 세율에 상당하는 금액 적용

제2절 세율의 조정

■ 탄력관세

명칭	적용세율, 대상, 기간 등	부과 범위
덤핑방지관세	기획재정부령	정상가격과 덤핑가격 간의 차액에 상당하는 금액 이하의 관세(추가)
상계관세	기획재정부령	보조금 등의 금액 이하의 관세(추가)
보복관세	대통령령	피해상당액의 범위
긴급관세	기획재정부령	심각한 피해 등을 방지하거나 치유하고 조정을 촉진하기 위하여 필요한 범위(추가)
특정국물품긴급관세	기획재정부령	피해를 구제하거나 방지하기 위하여 필요한 범위(추가)
농림축산물에 대한 특별긴급관세	기획재정부령	[물량기준] 양허세율 + (양허세율의 1/3) [가격기준] 양허세율 관세 + 기준가격과 대비한 수입가격 하락률로 구분되어진 금액
조정관세	대통령령	100분의 100에서 해당 물품의 기본세율을 뺀 율을 기본세율에 더한 율의 범위(농림축산물: 국내외가격차)
할당관세	대통령령	[인하] 40% 범위의 율을 기본세율에서 빼고 부과 [인상] 40% 범위의 율을 기본세율에 더하여 부과(농림축산물: 국내외가격차)
계절관세	기획재정부령	[인하] 40% 범위의 율을 기본세율에서 빼고 부과 [인상] 국내외가격차
편익관세	대통령령	이미 체결된 외국과의 조약에 따른 편익의 한도에서 편익 부여

1 덤핑방지관세(법 제51조 ~ 제56조)

1. 덤핑방지관세의 부과

부과 사유	덤핑 조사로 다음이 확인된 경우, 정상가격과 덤핑가격 간의 차액에 상당하는 금액 이하의 관세를 실행관세에 추가하여 부과할 수 있다. ① 국내산업이 실질적인 피해를 받거나 받을 우려가 있는 경우 ② 국내산업의 발전이 실질적으로 지연된 경우
부과 요건	① 덤핑수입: 외국의 물품이 정상가격 이하로 수입되어야 한다. ② 실질적 피해 등이 조사를 통해 확인되어야 한다. ③ 피해를 받거나 받을 우려가 있는 국내산업을 보호할 필요성이 있어야 한다. ④ 국내산업에 이해관계가 있는 자 또는 주무부장관이 부과요청을 하여야 한다.

2. 덤핑방지관세의 부과절차

절차		주체(담당)	시기(기간)
부과요청(무역위원회에 조사신청으로 갈음)		이해관계인, 주무부장관 → 기획재정부장관	–
조사 개시 여부 결정		무역위원회	조사신청 받은 날부터 2개월 이내
통지 및 관보게재		무역위원회 → 조사신청자, 공급국 정부, 공급자, 이해관계인	결정일부터 10일 이내
예비조사 및 결과제출		무역위원회 → 기획재정부장관	관보게재일부터 3개월 이내 결과제출 (2개월 범위에서 연장 가능)
잠정조치 필요 여부 결정		기획재정부장관	예비조사결과 제출일부터 1개월 이내 (필요시 20일의 범위에서 연장 가능)
예비조사 결과	① 잠정조치	기획재정부장관	조사개시 후 최소한 60일이 경과된 날 이후부터 적용
	② 약속의 제의	수출자, 기획재정부장관	–
본조사 및 결과제출		무역위원회 → 기획재정부장관	예비조사결과 제출일의 다음 날부터 본조사 개시, 본조사개시일부터 3개월 이내 결과제출 (2개월 범위에서 연장 가능)
본조사 결과	③ 덤핑방지 관세부과	기획재정부장관	관보게재일부터 12개월 이내 부과조치 (특별한 사유: 관보게재일부터 18개월 이내 부과조치 가능)
재심사 요청		이해관계인이나 해당 산업을 관장하는 주무부장관	덤핑방지관세·약속시행일부터 1년이 경과된 날 이후, 효력상실일 6개월 이전에 요청 가능
재심사 조사결과 제출		무역위원회 → 기획재정부장관	재심사 개시일부터 6개월 안에 결과제출
재심사결과에 따른 조치		기획재정부장관	관보게재일부터 12개월 이내

3. 정상가격 및 덤핑가격의 비교(영 제58조)

① 정상가격

㉠ 일반적인 경우	공급국에서 소비되는 동종물품의 통상거래가격	
	(동종물품이 거래되지 아니하거나 특수한 시장상황 등으로 인하여 통상거래가격을 적용할 수 없는 때) • 제3국으로 수출되는 수출가격 중 대표적인 가격으로서 비교가능한 가격 • 원산지국에서의 제조원가에 합리적인 수준의 관리비 및 판매비와 이윤을 합한 가격	
㉡ 제3국 경유수입	제3국의 통상거래가격	
	(제3국 안에서 단순히 옮겨 싣거나 동종물품의 생산실적이 없는 때 또는 그 제3국 내에 통상거래가격으로 인정될 가격이 없는 때) 원산지국의 통상거래가격	
㉢ 시장경제체제가 확립되지 않은 국가로부터의 수입	우리나라를 제외한 시장경제국가에서 소비되는 동종물품의 통상거래가격	
	우리나라를 제외한 시장경제국가에서 우리나라를 포함한 제3국으로의 수출가격 또는 구성가격	
	시장경제로의 전환체제에 있는 경우, ㉠ ~ ㉡의 가격	

② 덤핑가격

㉠ 일반적인 경우	덤핑사실조사가 개시된 조사대상물품에 대하여 실제로 지급하였거나 지급하여야 하는 가격
㉡ 특수관계 또는 보상약정이 있는 경우	• 수입물품이 그 특수관계 또는 보상약정이 없는 구매자에게 최초로 재판매된 경우에는 기획재정부령으로 정하는 바에 따라 그 재판매 가격을 기초로 산정한 가격 • 수입물품이 그 특수관계 또는 보상약정이 없는 구매자에게 재판매된 실적이 없거나 수입된 상태로 물품이 재판매되지 아니하는 때에는 기획재정부령으로 정하는 합리적인 기준에 의한 가격

③ 정상가격과 덤핑가격의 비교

비교 원칙	가능한 한 동일한 시기 및 동일한 거래단계(통상적으로 공장도 거래단계를 말한다)에서 비교하여야 한다.
가격 조정	물리적 특성, 판매수량, 판매조건, 과세상의 차이, 거래단계의 차이, 환율변동 등이 가격비교에 영향을 미치는 경우에는 기획재정부령으로 정하는 바에 따라 정상가격 및 덤핑가격을 조정하여야 한다.

4. 잠정조치

① 잠정조치의 적용

잠정조치 목적	조사기간 중에 발생하는 피해를 방지하기 위하여
잠정조치 방식	㉠ 잠정덤핑방지관세를 추가하여 부과하도록 명하는 조치 ㉡ 담보를 제공하도록 명하는 조치 1. 금전 2. 국채 또는 지방채 3. 세관장이 인정하는 유가증권 4. 납세보증보험증권 7. 세관장이 인정하는 보증인의 납세보증서
적용 가능 시점	조사의 개시후 최소한 60일이 경과된 날 이후부터 적용할 수 있다.
잠정조치 적용기간	㉠ 잠정조치의 적용기간은 4월 이내로 하여야 한다. ㉡ 당해 물품의 무역에 있어서 중요한 비중을 차지하는 공급자가 요청하는 경우에는 그 적용기간을 6월까지 연장할 수 있다. ㉢ 기획재정부장관이 인정하는 때에는 국제협약에 따라 잠정조치의 적용기간을 9개월까지 연장할 수 있다.

② 잠정덤핑방지관세액의 정산

사유		조치
㉠ 잠정조치를 한 물품에 대한 덤핑방지관세의 부과요청이 철회되어 조사가 종결된 경우 ㉡ 잠정조치를 한 물품에 대한 덤핑방지관세의 부과여부가 결정된 경우 ㉢ 약속이 수락된 경우		잠정덤핑방지관세 환급, 제공된 담보 해제
㉠ 덤핑과 그로 인한 산업피해를 조사한 결과 해당 물품에 대한 덤핑 사실 및 그로 인한 실질적 피해 등의 사실이 있는 것으로 판정된 이후에 약속이 수락된 경우 ㉡ 덤핑방지관세를 소급하여 부과하는 경우	덤핑방지관세액 ≥ 잠정덤핑방지관세액	차액을 징수하지 않는다.
	덤핑방지관세액 < 잠정덤핑방지관세액	차액을 환급하거나 차액에 해당하는 담보를 해제한다.

5. 약속의 제의

약속의 제의	예비조사결과 수출자 또는 기획재정부장관은 덤핑으로 인한 피해가 제거될 정도의 가격수정이나 덤핑수출의 중지에 관한 약속을 제의할 수 있다.
약속의 수락	약속의 내용이 즉시로 가격을 수정하거나 약속일부터 6개월 이내에 덤핑수출을 중지하는 것인 때에는 기획재정부장관은 그 약속을 수락할 수 있다.
조사의 중지 또는 종결	약속이 수락된 경우 기획재정부장관은 잠정조치 또는 덤핑방지관세의 부과 없이 조사가 중지 또는 종결되도록 하여야 한다. 다만, 기획재정부장관이 필요하다고 인정하거나 수출자가 조사를 계속해 줄 것을 요청한 경우에는 그 조사를 계속할 수 있다.

6. 덤핑방지관세의 부과

부과 범위	실질적 피해 등을 구제하기 위해 필요한 범위에서 부과한다.
원칙	조사대상기간에 수출을 한 공급자 중 다음에 해당하는 자에 대해서는 공급자 또는 공급국별로 덤핑방지관세율 또는 기준수입가격을 정하여 부과한다. 다만, 정당한 사유 없이 자료제출 요청에 응하지 않거나 자료의 공개를 거부하는 경우 및 그 밖의 사유로 조사 또는 자료의 검증이 곤란한 공급자에 대해서는 단일 덤핑방지관세율 또는 단일 기준수입가격을 정하여 부과할 수 있다. ① 조사대상공급자 ② 조사대상공급자와 특수관계에 있는 공급자
예외	(조사대상기간에 수출을 한 공급자 중 위 원칙을 적용받지 않는 자 및 조사대상기간 후에 수출하는 해당 공급국의 신규 공급자에 대한 부과) ① 조사대상공급자에게 적용되는 덤핑방지관세율 또는 기준수입가격을 기획재정부령으로 정하는 바에 따라 가중평균한 덤핑방지관세율 또는 기준수입가격을 적용하여 부과할 것 ② 자료를 제출한 자에 대해서는 조사를 통해 공급자 또는 공급국별로 덤핑방지관세율 또는 기준수입가격을 정하여 부과할 것. 이 경우 해당 자료를 제출한 신규공급자에 대해서는 기획재정부령으로 정하는 바에 따라 조사대상공급자와 다른 조사방법 및 조사절차를 적용할 수 있다. ③ 조사대상공급자와 특수관계가 있는 신규공급자에 대해서는 조사대상공급자에 대한 덤핑방지관세율 또는 기준수입가격을 적용하여 부과할 것. 다만, 정당한 사유 없이 특수관계 관련 자료를 제출하지 않는 등의 사유로 특수관계 여부에 대한 검증이 곤란한 신규공급자에 대해서는 단일 덤핑방지관세율 또는 단일 기준수입가격을 정하여 부과할 수 있다.
유효기간	(덤핑방지관세, 수락된 약속, 재심사 결과 변경된 조치) 시행일부터 5년
부과시기	① 원칙: 조치일 이후 수입되는 물품에 적용 ② 소급부과(잠정조치 적용물품에 대한 덤핑방지관세 부과)

<table>
<tr><td></td><td>잠정조치 적용기간 동안 수입된 물품</td><td>㉠ 실질적 피해 등이 있다고 최종판정이 내려진 경우
㉡ 실질적인 피해 등의 우려가 있다는 최종판정이 내려졌으나 잠정조치가 없었다면 실질적 피해 등이 있다는 최종판정이 내려졌을 것으로 인정되는 경우</td></tr>
<tr><td></td><td>잠정조치를 적용일부터 90일 전 이후에 수입된 물품</td><td>㉠ 비교적 단기간에 대량 수입되었던 경우(피해 재발 방지 위해 소급부과 필요가 있는 경우로서, 과거 피해사실이 있었거나 수입자가 피해사실을 알았던 경우)
㉡ 약속을 위반하여 잠정조치가 적용된 물품의 수입으로 인한 실질적 피해 등의 사실이 인정되는 경우(약속위반일 이전에 수입된 물품 제외)</td></tr>
<tr><td></td><td>국제협약에서 정하는 기간에 수입된 물품</td><td>국제협약에서 정하는 바에 따라 기획재정부장관이 정하는 기간에 수입된 물품</td></tr>
</table>

2 상계관세(법 제57조 ~ 제62조)

1. 상계관세의 부과

부과 사유	외국에서 제조·생산 또는 수출에 관하여 직접·간접으로 보조금 또는 장려금을 받은 물품이 수입되어 다음에 해당하는 경우 보조금 등의 금액 이하의 관세를 추가하여 부과할 수 있다. ① 국내산업이 실질적인 피해를 받거나 받을 우려가 있는 경우 ② 국내산업의 발전이 실질적으로 지연된 경우
부과 요건	① 보조금 등 지급: 외국에서 보조금이나 장려금을 받은 물품이 수입되어야 한다. ② 실질적 피해 등이 조사를 통해 확인되어야 한다. ③ 피해를 받거나 받을 우려가 있는 국내산업을 보호할 필요성이 있어야 한다. ④ 국내산업에 이해관계가 있는 자 또는 주무부장관이 부과요청을 하여야 한다.

2. 보조금 등

부과대상 보조금 등	부·공공기관 등의 재정지원 등에 의한 혜택 중 특정성이 있는 것(단, 특정성은 있으나 연구·지역개발 및 환경관련 보조금 등으로서 국제협약에서 인정하고 있는 보조금 또는 장려금은 제외)
보조금 등의 금액 계산 기준	① 지분참여의 경우: 당해 지분참여와 통상적인 투자와의 차이에 의하여 발생하는 금액 상당액 ② 대출의 경우: 당해 대출금리에 의하여 지불하는 금액과 시장금리에 의하여 지불하는 금액과의 차액 상당액 ③ 대출보증의 경우: 당해 대출에 대하여 지불하는 금액과 대출보증이 없을 경우 비교가능한 상업적 차입에 대하여 지불하여야 하는 금액과의 차액 상당액 ④ 재화·용역의 공급 또는 구매의 경우: 당해 가격과 시장가격과의 차이에 의하여 발생하는 금액 상당액 ⑤ 기타 국제협약에서 인정하고 있는 기준에 의한 금액

📋 '특정성'이 있는 것으로 보는 경우

1. 보조금 등이 일부 기업 등에 대하여 제한적으로 지급되는 경우
2. 보조금 등이 제한된 수의 기업 등에 의하여 사용되어지는 경우
3. 보조금 등이 특정한 지역에 한정되어 지급되는 경우
4. 기타 국제협약에서 인정하고 있는 특정성의 기준에 부합되는 경우

📋 보조금률

보조금 등의 금액 인정 기준: 국제협약에서 달리 정하지 아니하는 한 보조금 등의 금액이 해당 물품가격대비 100분의 1 이상인 경우, 상계관세를 발동할 수 있는 보조금 등으로 본다.

$$보조금률 = \frac{보조금\ 등의\ 금액}{과세가격} \times 100$$

3. 약속의 제의

수출국정부	① 약속일부터 6개월 이내에 보조금 등을 철폐 또는 삭감하는 약속
기획재정부장관	② 약속일부터 6개월 이내에 보조금 등의 국내산업에 대한 피해효과를 제거하기 위한 적절한 조치에 관한 약속
수출자	즉시로 가격을 수정하는 약속(수출국정부의 동의를 얻어 약속을 제의할 수 있다)

📋 **약속의 수락(덤핑방지관세와 다른 점)**

약속이 수락된 경우 기획재정부장관은 잠정조치 또는 상계관세의 부과 없이 조사가 중지 또는 종결되도록 하여야 한다. 다만, 기획재정부장관이 필요하다고 인정하거나 수출국 정부가 피해 조사를 계속하여 줄 것을 요청한 경우에는 그 조사를 계속할 수 있다.

③ 보복관세(법 제63조 ~ 제64조)

부과 사유	다음의 행위를 하여 우리나라의 무역이익이 침해되는 경우 ① 관세 또는 무역에 관한 국제협정이나 양자 간의 협정 등에 규정된 우리나라의 권익을 부인하거나 제한하는 경우 ② 그 밖에 우리나라에 대하여 부당하거나 차별적인 조치를 하는 경우
부과 협의	기획재정부장관은 보복관세를 부과할 때 필요하다고 인정되는 경우에는 관련 국제기구 또는 당사국과 미리 협의할 수 있다.

④ 긴급관세(법 제65조 ~ 제67조)

1. 부과 사유 및 절차

부과 사유	특정물품의 수입증가로 인한 국내산업의 피해
정산	① 긴급관세액이 잠정긴급관세액과 같거나 많은 경우에는 그 잠정긴급관세액을 긴급관세액으로 하여 그 차액을 징수하지 않는다. ② 긴급관세액이 잠정긴급관세액보다 적은 경우에는 그 차액에 상당한 잠정긴급관세액을 환급하는 조치를 하여야 한다.
재심사	변경된 내용은 최초의 조치내용보다 더 강화되어서는 아니된다.

2. 긴급관세 및 잠정긴급관세의 부과

구분	긴급관세	잠정긴급관세
적용	부과조치 결정 시행일 이후 수입되는 물품	
부과 여부결정	건의접수일부터 1개월 이내 (이해당사국과의 협의기간 불포함)	건의접수일부터 1개월 이내 (20일 범위 내 연장 가능)
부과기간	4년을 초과할 수 없음	200일을 초과할 수 없음
	재심사결과 부과기간 연장시, '긴급관세 부과기간 + 잠정긴급관세 부과기간 + 대외무역법상 수입수량제한 기간 및 연장기간'은 8년을 초과할 수 없음	

5 특정국물품긴급관세 부과(법 제67조의2)

부과 사유	① 해당 물품의 수입증가가 국내시장의 교란 또는 교란우려의 중대한 원인이 되는 경우 ② 세계무역기구 회원국이 해당 물품의 수입증가에 대하여 자국의 피해를 구제하거나 방지하기 위하여 한 조치로 인하여 중대한 무역전환이 발생하여 해당 물품이 우리나라로 수입되거나 수입될 우려가 있는 경우
부과 절차	① 특정국물품잠정긴급관세 부과기간: 200일 ② 부과 중지: WTO 회원국의 조치가 종료된 때(종료일부터 30일 이내 부과 중지)

6 농림축산물에 대한 특별긴급관세(법 제68조)

1. 부과 사유

국내외 가격차에 상당한 율로 양허한 농림축산물의 수입물량이 급증하거나 수입가격이 하락하는 경우에는 양허한 세율을 초과하여 관세를 부과할 수 있다.

2. 특별긴급관세의 부과

물량기준 또는 가격기준으로 부과된다(선택 가능).

부과방법	부과사유	부과범위
물량기준 부과	해당 연도 수입량이 기준발동물량 초과	국내외가격차에 상당한 율인 해당 양허세율에 그 양허세율의 3분의 1까지를 추가한 세율로 부과한다(해당 연도 말까지 수입되는 분에 대해서만 적용).
가격기준 부과	수입가격이 기준가격의 10%를 초과하여 하락	국내외 가격차에 상당한 율인 해당 양허세율에 의한 관세에 기준가격을 기준으로 계산한 금액을 추가하여 부과한다(기준가격: 1988년 ~ 1990년까지의 평균수입가격, 일부 물품은 1986 ~ 1988년).

3. 특별긴급관세 부과의 제한

시장접근물량 수입물품	부과대상에서 제외한다(다만, 그 물품은 특별긴급관세의 부과를 위하여 수입량을 산정하는 때에는 산입한다).
수입량 감소시 (가격기준 부과)	부과하지 아니할 수 있다.
계약 기체결 운송물품 (물량기준 부과)	특별긴급관세가 부과되기 전에 계약이 체결되어 운송 중에 있는 물품은 특별긴급관세 부과대상에서 제외한다.
계절성 물품	부패하기 쉽거나 계절성이 있는 물품은 기준발동물량을 산정함에 있어서 3년보다 짧은 기간을 적용하거나, 기준가격을 산정시 다른 기간 동안의 가격을 적용하는 등 해당 물품의 특성을 고려할 수 있다.

7 조정관세(법 제69조 ~ 제70조)

부과 대상	① 산업구조의 변동 등으로 물품 간의 세율 불균형이 심하여 이를 시정할 필요가 있는 경우 ② 공중도덕 보호, 인간·동물·식물의 생명 및 건강 보호, 환경보전, 한정된 천연자원 보존 및 국제평화와 안전보장 등을 위하여 필요한 경우 ③ 국내에서 개발된 물품을 일정 기간 보호할 필요가 있는 경우 ④ 농림축수산물 등 국제경쟁력이 취약한 물품의 수입증가로 인하여 국내시장이 교란되거나 산업기반이 붕괴될 우려가 있어 이를 시정하거나 방지할 필요가 있는 경우
부과 범위	100분의 100에서 해당 물품의 기본세율을 뺀 율을 기본세율에 더한 율의 범위에서 관세를 부과할 수 있다(농림축산물: 국내외 가격차에 상당하는 율의 범위에서 관세 부과).

8 할당관세(법 제71조)

1. 부과 사유와 부과 범위

관세율의 인하	다음에 해당하는 경우에는 100분의 40의 범위의 율을 기본세율에서 빼고 관세를 부과할 수 있다(이 경우 필요하다고 인정될 때에는 그 수량을 제한할 수 있다). ① 원활한 물자수급 또는 산업의 경쟁력 강화를 위하여 특정물품의 수입을 촉진할 필요가 있는 경우 ② 수입가격이 급등한 물품 또는 이를 원재료로 한 제품의 국내가격을 안정시키기 위하여 필요한 경우 ③ 유사물품 간의 세율이 현저히 불균형하여 이를 시정할 필요가 있는 경우
관세율의 인상	다음에 해당하는 경우에는 일정한 수량을 초과하여 수입되는 분에 대하여 100분의 40의 범위의 율을 기본세율에 더하여 관세를 부과할 수 있다(농림축수산물: 기본세율에 국내외 가격차에 상당하는 율을 더한 율의 범위에서 관세 부과). ④ 특정물품의 수입을 억제할 필요가 있는 경우

2. 할당관세의 관리

추천	① 일정수량의 할당은 당해 수량의 범위 안에서 주무부장관 또는 그 위임을 받은 자의 추천으로 행한다. 다만 기획재정부장관이 정하는 물품에 있어서는 수입신고 순위에 따른다. ② 추천서를 수입신고수리전까지 제출하여야 한다. 다만, 해당 물품이 보세구역에서 반출되지 않은 경우에는 수입신고 수리일부터 15일이 되는 날까지 제출할 수 있다. ③ 일정수량까지의 수입통관실적의 확인은 관세청장이 이를 행한다.
의견 수렴	관계부처의 장: 관계부처의 인터넷 홈페이지 등에 10일 이상 게시하여 의견수렴(기획재정부장관에게 결과 제출)
실적 보고	기획재정부장관: 매 회계연도 종료 후 5개월 이내에 할당관세의 전년도 부과 실적 및 그 결과를 국회 소관 상임위원회에 보고(실적 보고를 위해 관계부처의 장에게 매 회계연도 종료 후 3개월 이내 자료제출할 것 요청 가능)

9 계절관세(법 제72조)

부과 대상	계절에 따라 가격의 차이가 심한 물품으로서, 동종물품·유사물품 또는 대체물품의 수입으로 인하여 국내시장이 교란되거나 생산 기반이 붕괴될 우려가 있을 때에는 계절에 따라 관세율을 인상 또는 인하할 수 있다.
부과 범위 (인상 및 인하)	① 인상: 국내외가격차에 상당하는 율의 범위에서 기본세율보다 높게 관세 부과 ② 인하: 100분의 40의 범위의 율을 기본세율에서 빼고 관세 부과

10 편익관세(법 제74조 ~ 제75조)

1. 편익관세의 부과

편익부여 대상	관세에 관한 조약에 의한 편익을 받지 아니하는 나라의 생산물로서 수입되는 물품에 대하여 이미 체결된 외국과의 조약에 따른 편익의 한도에서 관세에 관한 편익을 부여
적용 정지	① 국민경제에 중대한 영향이 초래되거나 초래될 우려가 있는 경우 ② 그 밖에 편익관세의 적용을 정지시켜야 할 긴급한 사태가 있는 경우

2. 적용대상

적용 국가	아시아	부탄
	중동	이란, 이라크, 레바논, 시리아
	대양주	나우루
	아프리카	코모로, 에디오피아, 소말리아
	유럽	안도라, 모나코, 산마리노, 바티칸, 덴마크(그린란드 및 페로제도에 한정한다)
적용 물품	세계무역기구협정 등에 의한 양허관세 규정 별표 1(양허표)에 규정	

3. 적용순위

구분	편익관세의 적용 순위
일반적인 경우	해당 양허표에 규정된 세율을 적용한다.
법에 의한 세율이 해당 양허표에 규정된 세율보다 낮은 경우	법에 의한 세율을 우선하여 적용한다.

■ 국제협력관세 및 일반특혜관세

1 국제협력관세(법 제73조, 법 제78조 ~ 제80조)

1. 관세의 협상과 양허

협상	정부는 우리나라의 대외무역 증진을 위하여 필요하다고 인정될 때에는 특정국가 또는 국제기구와 관세에 관한 협상을 할 수 있다.
양허	협상을 수행할 때 필요하다고 인정되면 관세를 양허할 수 있다. 다만, 특정국가와 협상할 때에는 기본관세율의 100분의 50의 범위를 초과하여 관세를 양허할 수 없다.

2. 양허의 철회 · 수정, 보상조치 및 대항조치

사정변화로 특정물품 수입이 증가하면 ➡	양허의 철회 · 수정	양허철회 → 「관세법」의 세율적용
		세율수정 → 수정 후 세율적용
우리가 양허철회 · 수정하면 ➡	보상조치 (필요한 범위에서만 가능)	기존양허물품의 관세율 수정 → 수정 후 세율적용
		새로운 양허 → 양허 후 세율적용(「관세법」 세율 ✕)
외국이 양허철회 · 수정하면 ➡	대항조치 (필요한 범위에서만 가능)	「관세법」의 관세 외 → 과세가격상당액 범위 내 관세 부과
		양허 적용정지 → 「관세법」 세율적용

2 일반특혜관세(법 제76조 ~ 제77조)

1. 특혜의 차등 적용

물품별 차등	물품에 적용되는 세율에 차등을 두거나 특혜대상물품의 수입수량 등을 한정할 수 있다.
국가별 차등	국제연합총회의 결의에 따른 최빈개발도상국 중 대통령령으로 정하는 국가를 원산지로 하는 물품에 대해서는 다른 특혜대상국보다 우대하여 일반특혜관세를 부과할 수 있다.

2. 적용정지와 적용배제

구분	주체	사유 또는 고려사항
적용정지	기획재정부 장관	특정 특혜대상물품의 수입 증가 → 국내산업에 중대한 피해
적용배제	기획재정부 장관	① 특정한 특혜대상국의 소득수준 ② 우리나라의 총수입액 중 특정한 특혜대상국으로부터의 수입액이 차지하는 비중 ③ 특정한 특혜대상국의 특정한 특혜대상물품이 지니는 국제경쟁력의 정도 ④ 그 밖의 사정

제3절 세율의 적용 등

1 간이세율의 적용(법 제81조)

1. 적용 대상

적용 대상	다음의 물품 중 대통령령으로 정하는 물품 ① 여행자 또는 외국을 오가는 운송수단의 승무원이 휴대하여 수입하는 물품 ② 우편물(수입신고를 하여야 하는 우편물은 제외) ③ 탁송품 또는 별송품

적용 제외	① 관세율이 무세인 물품과 관세가 감면되는 물품
	② 수출용 원재료
	③ 범칙행위에 관련된 물품
	④ 종량세가 적용되는 물품
	⑤ 다음에 해당하는 물품으로서 관세청장이 정하는 물품
	   ㉠ 상업용으로 인정되는 수량의 물품
	   ㉡ 고가품
	   ㉢ 당해 물품의 수입이 국내산업을 저해할 우려가 있는 물품
	   ㉣ 휴대품 중 단일한 간이세율의 적용이 과세형평을 현저히 저해할 우려가 있는 물품
	⑥ 화주가 수입신고를 할 때에 과세대상물품의 전부에 대하여 간이세율의 적용을 받지 아니할 것을 요청한 경우의 해당 물품

2. 간이세율의 산정 등

산정 방식	수입물품에 대한 관세, 임시수입부가세 및 내국세의 세율을 기초로 하여 대통령령으로 정한다.
단일한 세율의 적용	'여행자 또는 외국을 오가는 운송수단의 승무원이 휴대하여 수입하는 물품'으로 그 총액이 대통령령으로 정하는 금액 이하인 물품에 대하여는 간이세율을 단일한 세율로 할 수 있다.

2 합의에 따른 세율 적용(법 제82조)

적용 방식	일괄하여 수입신고가 된 물품으로서 물품별 세율이 다른 물품에 대해서는 신고인의 신청에 따라 그 세율 중 가장 높은 세율을 적용할 수 있다.
적용의 한계	합의세율을 적용할 때에는 법 제5장 제2절 심사와 심판(법 제119조 ~ 제132조) 규정은 적용하지 아니한다.

3 용도세율의 적용(법 제83조)

1. 적용 신청

적용 신청	용도에 따라 세율을 다르게 정하는 물품을 세율이 낮은 용도에 사용하여 해당 물품에 그 낮은 세율(용도세율)의 적용을 받으려는 자는 세관장에게 신청하여야 한다.
신청 기한	해당 물품을 수입신고하는 때부터 수입신고가 수리되기 전까지 신청서를 세관장에게 제출해야 한다. 다만, 해당 물품을 보세구역에서 반출하지 않은 경우에는 수입신고 수리일부터 15일이 되는 날까지 신청서를 제출할 수 있다.

2. 사후관리

용도 외 사용금지 등	용도세율이 적용된 물품은 수입신고의 수리일부터 3년의 범위에서 대통령령으로 정하는 기준에 따라 관세청장이 정하는 기간에는 해당 용도 외의 다른 용도로 사용하거나 양도할 수 없다(사후관리 면제: 미리 세관장의 승인을 받은 경우).
관세 추징	용도세율이 적용된 물품을 사후관리 기간에 해당 용도 외의 다른 용도에 사용하거나 그 용도 외의 다른 용도에 사용하려는 자에게 양도한 경우에는 관세를 즉시 징수하며, 양도인으로부터 해당 관세를 징수할 수 없을 때에는 그 양수인으로부터 즉시 징수한다. 다만, 재해나 그 밖의 부득이한 사유로 멸실되었거나 미리 세관장의 승인을 받아 폐기한 경우에는 그러하지 아니하다.

제4절 품목분류

1 품목분류체계의 수정 등(법 제84조)

구분	주체	내용
품목분류표 고시	기획재정부장관	협약 및 법 별표 관세율표를 기초로 하여 품목을 세분한 관세·통계통합품목분류표를 고시할 수 있다.
품목분류체계의 수정	기획재정부장관	세율이 변경되지 아니하는 경우, 새로 품목분류를 하거나 다시 품목분류를 할 수 있다.
품목분류 적용기준	기획재정부장관	품목분류를 적용하는데 필요한 기준을 정한다.
관세협력이사회 권고사항 고시	관세청장	기획재정부장관의 승인을 받아 고시한다.

2 특정물품에 적용될 품목분류의 사전심사(법 제86조 ~ 제87조)

1. 품목분류 사전심사의 신청

신청인	① 물품을 수출입하려는 자 ② 수출할 물품의 제조자 ③ 관세사 · 관세법인 · 통관취급법인
심사 신청	① 수출입신고를 하기 전, 관세청장에게 신청한다. ② 구성재료의 물리적 · 화학적 분석이 필요한 경우, 수수료 납부
보정 요구	신청서, 견본, 설명자료가 미비하여 심사가 곤란할 때, 20일 이내의 기간을 정하여 보정을 요구할 수 있다.
사전심사 · 재심사 신청의 반려 사유	① 보정기간 내에 보정하지 아니한 경우 ② 신청인이 사전심사 또는 재심사를 신청한 물품과 동일한 물품을 이미 수출입신고한 경우 ③ 신청인이 반려를 요청하는 경우 ④ 이의신청 등 불복 또는 소송이 진행 중인 경우 ⑤ 농산물 혼합물로서 제조공정이 규격화되어 있지 않아 성분 · 조성의 일관성 확보가 곤란한 경우 ⑥ 냉장 · 냉동 물품과 같이 운송수단 및 저장방법 등에 따라 상태가 달라질 수 있는 경우
사전심사 기간	관세청장은 심사하여 사전심사의 신청을 받은 날부터 30일 이내에 신청인에게 통지하여야 한다. 다만, 다음의 기간은 제외한다. ① 관세품목분류위원회에서 심의하는 경우 해당 심의에 소요되는 기간 ② 보정기간 ③ 구성재료의 물리적 · 화학적 분석이 필요한 경우로서 해당 분석에 소요되는 기간 ④ 관세협력이사회에 질의하는 경우 해당 질의에 소요되는 기간
간이심사 신청	호 및 소호까지의 품목분류에 대해서만 심사하여 통지할 수 있다.
재심사 신청	심사 결과를 통지받은 날부터 30일 이내 관세청장에게 재심사를 신청할 수 있다. 이 경우 관세청장은 재심사의 신청을 받은 날부터 60일 이내에 신청인에게 통지하여야 한다.
고시 · 공표	품목분류를 심사한 물품에 대해서는 해당 품목분류와 품명, 용도, 규격 등을 고시 또는 공표하여야 한다(다만, 고시 · 공표가 적당하지 아니하다고 인정되는 물품은 고시 · 공표하지 아니할 수 있다).
유효기간	사전심사 · 재심사 결과는 품목분류가 변경되기 전까지 유효하다.

2. 품목분류의 변경

품목분류 변경사유		① 관계법령의 개정에 따라 당해 물품의 품목분류가 변경된 경우 ② 법 제84조(품목분류체계의 수정)의 규정에 따라 품목분류를 변경한 경우 ③ 신청인의 허위자료제출 등으로 품목분류에 중대한 착오가 생긴 경우 ④ 관세협력이사회의 권고 또는 결정 및 법원의 확정판결이 있는 경우 ⑤ 동일 또는 유사한 물품에 대하여 서로 다른 품목분류가 있는 경우
변경된 품목분류 적용	원칙	변경일부터 변경된 품목분류 적용 (변경일: 신청인이 변경 내용을 통지받은 날과 고시·공표일 중 빠른 날)
	연장적용	변경일부터 30일이 지나기 전에 선적된 물품(수입신고인에게 유리한 경우): 변경 전 품목분류 적용
	소급적용	아래 사유에 해당하는 경우, 변경일 전에 수출입신고가 수리된 물품에도 변경된 품목분류 적용 ① 거짓자료 제출 등 신청인에게 책임 있는 사유로 품목분류가 변경된 　경우 ② 다음의 어느 하나에 해당하는 경우로서 수출입신고인에게 유리한 경우 　㉠ 신청인에게 자료제출 미비 등의 책임 있는 사유가 없는 경우 　㉡ 신청인이 아닌 자가 관세청장이 결정하여 고시하거나 공표한 품 　　목분류에 따라 수출입 신고를 한 경우

제1절 감면

1 의의

1. 「관세법」상 관세 감면의 종류

법 규정	관세 감면의 종류	사후관리 여부	
법 제88조	외교관용 물품 등의 면세	무조건 감면	(양수제한 물품)
법 제89조	세율불균형물품의 면세	-	조건부 감면
법 제90조	학술연구용품의 감면	-	조건부 감면
법 제91조	종교용품, 자선용품, 장애인용품 등의 면세	-	조건부 감면
법 제92조	정부용품 등의 면세	무조건 감면	-
법 제93조	특정물품의 면세 등	-	조건부 감면
법 제94조	소액물품 등의 면세	무조건 감면	-
법 제95조	환경오염방지물품 등에 대한 감면	-	조건부 감면
법 제96조	여행자 휴대품 및 이사물품 등의 감면	무조건 감면	-
법 제97조	재수출면세	-	조건부 감면
법 제98조	재수출 감면	-	조건부 감면
법 제99조	재수입면세	무조건 감면	-
법 제100조	손상물품에 대한 감면	무조건 감면	-
법 제101조	해외임가공물품 등의 감면	무조건 감면	-

2. 관세감면의 절차

① 관세감면의 신청 기간

> ㉠ 해당 물품의 수입신고 수리전
> ㉡ 수입신고수리전에 감면 신청을 못한 경우: 수입신고수리일부터 15일 이내
>   (해당 물품이 보세구역에서 반출되지 아니한 경우)
> ㉢ 관세 추징하는 경우: 해당 납부고지를 받은 날부터 5일 이내

② 담보의 제공: 재수출면세, 재수출감면을 적용받는 경우

3. 관세경감률산정의 기준

① 관세의 경감에 있어서 법 제89조, 제90조, 제95조, 제98조의 경감률의 산정은 실제로 적용되는 관세율을 기준으로 한다.

감면의 종류		관세 경감률(경감액)	
법 제90조	학술연구용품의 감면	일반적인 경우	80%
		공공의료기관, 학교부설의료기관	50% (국립암센터 및 국립중앙의료원 제외)
법 제95조	환경오염방지 물품 등에 대한 감면	공장자동화기계·기구	중소제조업체 30% (2026.12.31.까지 50%)
			중견기업(제조업) 30% (2026.12.31.까지)
법 제96조 (제2항)	여행자 휴대품 및 이사물품 등의 감면	여행자가 과세대상 휴대품 또는 별송품을 자진신고하는 경우	관세(또는 간이세율을 적용하여 산출된 세액)의 100분의 30에 상당하는 금액(20만원 한도)
법 제98조	재수출 감면	재수출기간 6개월 이내	85%
		재수출기간 6개월 ~ 1년	70%
		재수출기간 1년 ~ 2년	55%
		재수출기간 2년 ~ 3년	40%
		재수출기간 3년 ~ 4년	30%
법 제100조	손상물품에 대한 감면	다음의 각 관세액 중 많은 금액 ㉠ 수입물품의 가치의 감소에 따르는 가격의 저하분에 상응하는 관세액 ㉡ 수입물품의 관세액에서 가치 감소 후의 성질 및 수량에 의하여 산출한 관세액을 공제한 차액	
법 제101조	해외임가공물품 등의 감면	㉠ 수입물품의 제조·가공에 사용된 원재료 또는 부분품의 수출신고가격에 당해 수입물품에 적용되는 관세율을 곱한 금액 ㉡ 가공·수리물품의 수출신고가격에 해당 수입물품에 적용되는 관세율을 곱한 금액	

② 관세의 경감·면제와 탄력관세

관세경감률 산정과 면제되는 관세의 범위에서 덤핑방지관세, 상계관세, 보복관세, 긴급관세, 특정국물품긴급관세, 농림축산물 특별긴급관세, 조정관세(제2호)의 세율은 제외한다.

2 무조건 감면

1. 외교관용 물품 등의 면세(법 제88조)

① 면세 대상

> ㉠ 우리나라에 있는 외국의 대사관·공사관 및 그 밖에 이에 준하는 기관의 업무용품
> ㉡ 우리나라에 주재하는 외국의 대사·공사 및 그 밖에 이에 준하는 사절과 그 가족이 사용하는 물품
> ㉢ 우리나라에 있는 외국의 영사관 및 그 밖에 이에 준하는 기관의 업무용품
> ㉣ 우리나라에 있는 외국의 대사관·공사관·영사관 및 그 밖에 이에 준하는 기관의 직원 중 대통령령으로 정하는 직원과 가족이 사용하는 물품(명예총영사 및 명예영사 제외)
> ㉤ 정부와 체결한 사업계약을 수행하기 위하여 외국계약자가 계약조건에 따라 수입하는 업무용품
> ㉥ 국제기구 또는 외국정부로부터 우리나라 정부에 파견된 고문관·기술단원 및 그 밖에 기획재정부령으로 정하는 자가 사용하는 물품

② 사후관리

양수제한 물품	다음에 해당하는 물품은 수입신고수리일부터 3년의 범위에서 관세청장이 정하는 기간에 다른 용도로 사용하기 위하여 양수할 수 없다. ㉠ 자동차(삼륜자동차와 이륜자동차를 포함한다) ㉡ 선박 ㉢ 피아노 ㉣ 전자오르간 및 파이프오르간 ㉤ 엽총
추징	양수제한 물품을 사후관리 기간에 지정된 용도 외의 다른 용도로 사용하기 위하여 양수한 경우에는 그 양수자로부터 면제된 관세를 즉시 징수한다.

2. 정부용품 등의 면세(법 제92조)

> ① 국가기관이나 지방자치단체에 기증된 물품으로서 공용으로 사용하는 물품
> ② 외국에 주둔하는 국군이나 재외공관으로부터 반환된 공용품
> ③ 정부가 외국으로부터 수입하는 군수품(정부의 위탁을 받아 정부 외의 자가 수입하는 경우 포함, 통상품은 제외) / 국가원수의 경호용으로 사용하기 위하여 수입하는 물품
> ④ 정부가 직접 수입하는 간행물, 음반, 녹음된 테이프, 녹화된 슬라이드, 촬영된 필름 그 밖에 이와 유사한 물품 및 자료
> ⑤ 과학기술정보통신부장관이 국가의 안전보장을 위하여 긴요하다고 인정하여 수입하는 비상통신용 물품 및 전파관리용 물품
> ⑥ 국가정보원장 또는 그 위임을 받은 자가 국가의 안전보장 목적의 수행상 긴요하다고 인정하여 수입하는 물품
> ⑦ 국가나 지방자치단체(이들이 설립, 출연, 출자한 법인 포함)가 환경오염(소음 및 진동 포함)을 측정하거나 분석하기 위하여 수입하는 기계·기구
> ⑧ 상수도 수질을 측정하거나 이를 보전·향상하기 위하여 국가나 지방자치단체(이들이 설립하였거나 출연 또는 출자한 법인을 포함)가 수입하는 물품

3. 소액물품 등의 면세(법 제94조)

① 우리나라의 거주자에게 수여된 훈장·기장 또는 이에 준하는 표창장 및 상패
② 기록문서 또는 그 밖의 서류
③ 상업용견본품(과세가격 미화 250달러 이하) 또는 광고용품으로서 기획재정부령으로 정하는 물품
④ 우리나라 거주자가 받는 소액물품으로서 기획재정부령으로 정하는 물품
  ㉠ 물품가격이 미화 150달러 이하의 물품으로서 자가사용 물품으로 인정되는 것. 다만, 반복 또는 분할하여 수입되는 물품으로서 관세청장이 정하는 기준에 해당하는 것을 제외한다.
  ㉡ 박람회 기타 이에 준하는 행사에 참가하는 자가 행사장 안에서 관람자에게 무상으로 제공하기 위하여 수입하는 물품. 다만, 관람자 1인당 제공량의 정상도착가격이 미화 5달러 상당액 이하의 것으로서 세관장이 타당하다고 인정하는 것으로 한한다.

4. 여행자 휴대품 및 이사물품 등의 감면(법 제96조)

① 관세 면제 대상
  ㉠ 여행자의 휴대품 또는 별송품으로서 여행자의 입국 사유, 체재기간, 직업, 그 밖의 사정을 고려하여 기획재정부령으로 정하는 기준에 따라 세관장이 타당하다고 인정하는 물품

📋 기본면세범위
1. 여행자 1명의 휴대품 또는 별송품의 과세가격 합계 기준으로 미화 800달러 이하(입국장 인도장, 입국장 면세점에서 구매한 내국물품의 가격을 공제한 금액)
2. 농림축산물 등 관세청장이 정하는 물품: 관세청장이 따로 정한 면세한도 적용

📋 별도면세범위
1. 별도면세범위에서 입국장 인도장, 입국장 면세점에서 구매한 내국물품인 술·담배·향수의 구매수량 공제
2. 별도면세범위 초과시: 과세가격 = 해당 물품의 가격

구분	면세한도			비고
술	2병			• 2병 합산하여 용량은 2리터(L) 이하, 가격은 미화 400달러 이하 • 19세 미만인 사람이 반입하면 관세 면제 불가
담배	궐련		200개비	• 2 이상의 담배 종류를 반입하는 경우에는 한 종류로 한정 • 19세 미만인 사람이 반입하면 관세 면제 불가
	엽궐련		50개비	
	전자담배	궐련형	200개비	
		니코틴용액	20밀리리터	
		기타유형	110그램	
	그 밖의 담배		250그램	
향수	100밀리리터			-

  ㉡ 우리나라로 거주를 이전하기 위하여 입국하는 자가 입국할 때 수입하는 이사물품으로서 거주 이전의 사유, 거주기간, 직업, 가족 수, 그 밖의 사정을 고려하여 기획재정부령으로 정하는 기준에 따라 세관장이 타당하다고 인정하는 물품

이사자	• 우리나라 국민으로서 외국에 주거를 설정하여 1년(가족 동반시 6개월) 이상 거주한 사람 • 외국인 또는 재외영주권자로서 우리나라에 주거를 설정하여 1년(가족 동반시 6개월) 이상 거주하려는 사람
이사물품	• 통상 가정용 + 입국 전 3개월 이상 사용 + 입국 후 계속 사용 • 다른 외국으로 거주 이전 + 통상 가정용 + 3개월 이상 사용 • 외국국적 기자가 최초로 입국할 때 반입하는 취재용품(문화체육관광부장관 확인) • 수출된 물품이 반입된 경우
과세 품목	• 자동차(수출된 자동차가 반입된 경우 제외), 선박, 항공기 • 500만원 이상인 보석, 진주, 별갑, 산호, 호박, 상아

© 국제무역선 또는 국제무역기의 승무원이 휴대하여 수입하는 물품으로서 항행일수, 체재기간, 그 밖의 사정을 고려하여 기획재정부령으로 정하는 기준에 따라 세관장이 타당하다고 인정하는 물품

면제한도	• 국제무역기 승무원이 휴대하여 수입하는 물품: 미화 150달러 • 국제무역선 승무원이 휴대하여 수입하는 물품: 미화 90달러(항행기간 1개월 미만), 미화 180달러(항행기간 1개월 이상 3개월 미만), 미화 270달러(항행기간 3개월 이상)
술에 대한 관세 면제	• 국제무역기 승무원: 3개월에 1회 • 국제무역선의 승무원(항행기간 1개월 미만): 1개월에 1회
과세 품목	• 자동차(이륜자동차, 삼륜자동차 포함), 선박, 항공기 • 50만원 이상인 보석, 진주, 별갑, 산호, 호박, 상아

② 관세 경감 대상: 여행자가 휴대품 또는 별송품(면세 대상 제외)을 자진신고하는 경우 20만원을 넘지 아니하는 범위에서 관세(간이세율 적용 물품은 간이세율을 적용하여 산출한 세액)의 100분의 30에 상당하는 금액을 경감할 수 있다.

📋 **과세대상 여행자 휴대품의 자진신고**
1. 자진신고를 한 경우: 관세의 30% 경감
2. 자진신고를 하지 않은 경우: 납부세액의 40% 가산세
3. 반복적으로 자진신고를 하지 않은 경우: 납부세액의 60% 가산세

5. 재수입 면세(법 제99조)

① 우리나라에서 수출(보세가공수출 포함)된 물품으로서 해외에서 제조·가공·수리 또는 사용되지 아니하고 수출신고수리일부터 2년 내에 재수입되는 물품. 다만, 다음에 해당하는 경우에는 관세를 면제하지 아니한다.

> ⑤ 해당 물품 또는 원자재에 대하여 관세를 감면받은 경우
> ⑥ 「관세법」 또는 환급특례법에 따른 환급을 받은 경우
> ⑦ 「관세법」 또는 환급특례법에 따른 환급을 받을 수 있는 자 외의 자가 해당 물품을 재수입하는 경우(다만, 재수입하는 물품에 대하여 환급을 받을 수 있는 자가 환급받을 권리를 포기하였음을 증명하는 서류를 재수입하는 자가 세관장에게 제출하는 경우는 제외한다)
> ⑧ 재수출조건으로 매각함에 따라 관세가 부과되지 아니한 경우

📋 **재수입면세가 가능한 '사용'**

1. 임대차계약 또는 도급계약 등에 따라 수출된 물품(내용연수 3년, 금형의 경우 2년)
2. 박람회, 전시회, 품평회, 국제경기대회 등에 출품 또는 사용된 물품
3. 수출물품을 해외에서 설치, 조립 또는 하역하기 위해 사용하는 장비 및 용구
4. 수출물품을 운송하는 과정에서 해당 물품에 부착하는 기기(품질유지, 상태측정 등)
5. 결함이 발견된 수출물품
6. 수입물품을 적재하기 위하여 수출하는 용기로서 반복적으로 사용되는 물품

② 수출물품의 용기로서 다시 수입하는 물품

③ 해외시험 및 연구를 목적으로 수출된 후 재수입되는 물품

6. 손상물품에 대한 감면(법 제100조)

관세 경감 사유	① 수입신고한 물품이 수입신고가 수리되기 전에 변질되거나 손상되었을 때 ② 「관세법」이나 그 밖의 법률 또는 조약·협정 등에 따라 관세를 감면받은 물품에 대하여 관세를 추징하는 경우 그 물품이 변질 또는 손상되거나 사용되어 그 가치가 떨어졌을 때
관세 경감액	다음의 각 관세액 중 많은 금액으로 하며, 변질·손상 또는 사용으로 인한 가치감소의 산정기준은 기획재정부령으로 정할 수 있다. ① 수입물품의 변질·손상 또는 사용으로 인한 가치의 감소에 따르는 가격의 저하분에 상응하는 관세액 ② 수입물품의 관세액에서 그 변질·손상 또는 사용으로 인한 가치의 감소 후의 성질 및 수량에 의하여 산출한 관세액을 공제한 차액

7. 해외임가공 물품 등의 감면(법 제101조)

관세 경감 대상	① 원재료 또는 부분품을 수출하여 기획재정부령으로 정하는 물품(제85류, 제9006호)으로 제조하거나 가공한 물품 ② 가공 또는 수리할 목적으로 수출한 물품으로서, 기획재정부령으로 정하는 기준(가공 또는 수리하기 위하여 수출된 물품과 가공 또는 수리 후 수입된 물품의 품목분류표상 10단위의 품목번호가 일치)에 적합한 물품
관세 경감 제외	① 해당 물품 또는 원자재에 대하여 관세의 감면을 받은 경우, 다만 '가공 또는 수리할 목적으로 수출한 물품'의 경우는 제외한다. ② 「관세법」 또는 환급특례법에 의한 환급을 받은 경우 ③ 보세가공 또는 장치기간경과물품을 재수출조건으로 매각함에 따라 관세가 부과되지 아니한 경우
관세 경감액	원재료·부분품 ⌉ 가공·수리물품 ⌋ 의 수출신고가격 × 수입물품의 관세율

3 조건부 감면

1. 세율불균형물품의 면세(법 제89조)

① 면세대상

세율불균형을 시정하기 위하여 중소기업이 세관장이 지정하는 공장에서 다음의 물품을 제조 또는 수리하기 위하여 사용하는 부분품과 원재료

ㄱ 항공기(부분품 포함)

ㄴ 반도체제조용 장비(부속기기 포함): 산업통상자원부장관 추천 필요

② 제조·수리공장의 지정(지정공장제도)

지정 신청을 받은 세관장은 그 감시·단속에 지장이 없다고 인정될 때에는 3년의 범위에서 기간을 정하여 제조·수리공장의 지정을 하여야 한다.

2. 학술연구용품의 감면(법 제90조)

① 국가기관·지방자치단체 및 기획재정부령으로 정하는 기관에서 사용할 학술연구용품·교육용품 및 실험실습용품으로서 기획재정부령으로 정하는 물품

② 학교·공공의료기관·공공직업훈련원·박물관 그 밖에 이에 준하는 기획재정부령으로 정하는 기관에서 학술연구용·교육용·훈련용·실험실습용 및 과학기술연구용으로 사용할 물품 중 기획재정부령으로 정하는 물품

③ 위 ②의 기관에서 사용할 학술연구용품·교육용품·훈련용품·실험실습용품 및 과학기술연구용품으로서 외국으로부터 기증되는 물품

④ 기획재정부령으로 정하는 자가 산업기술의 연구개발에 사용하기 위하여 수입하는 물품으로서 기획재정부령으로 정하는 물품

3. 종교용품·자선용품·장애인용품 등의 면세(법 제91조)

종교용품	① 교회, 사원 등 종교단체의 의식에 사용되는 물품으로서 외국으로부터 기증되는 물품(음향기기·영상기기·악기는 과세, 파이프오르간은 면세)
자선용품	② 자선 또는 구호의 목적으로 기증되는 물품 및 기획재정부령으로 정하는 자선시설·구호시설 또는 사회복지시설에 기증되는 물품으로서 해당 용도로 직접 사용하는 물품(자동차는 과세) ③ 국제적십자사·외국적십자사 및 기획재정부령으로 정하는 국제기구가 국제평화봉사활동 또는 국제친선활동을 위하여 기증하는 물품
장애인용품	④ 시각장애인, 청각장애인, 언어장애인, 지체장애인, 만성신부전증환자, 희귀난치성질환자 등을 위한 용도로 특수하게 제작되거나 제조된 물품 중 기획재정부령으로 정하는 물품 ⑤ 장애인복지시설 및 장애인의 재활의료를 목적으로 국가·지방자치단체 또는 사회복지법인이 운영하는 재활 병원·의원에서 장애인을 진단하고 치료하기 위하여 사용하는 의료용구

4. 특정물품의 면세 등(법 제93조)

① 동식물의 번식·양식 및 종자개량을 위한 물품(사료작물 재배용 호밀, 귀리, 수수)
② 박람회·국제경기대회 등에 사용하기 위하여 그 행사에 참가하는 자가 수입하는 물품
③ 핵사고·방사능 긴급사태시 그 복구지원·구호를 목적으로 외국으로부터 기증되는 물품
④ 우리나라 선박이 외국정부의 허가를 받아 외국의 영해에서 채집하거나 포획한 수산물
⑤ 우리나라 선박이 외국의 선박과 협력하여 채집하거나 포획한 수산물로서 해양수산부장관이 추천하는 것
⑥ 해양수산부장관의 허가를 받은 자가 외국인과 합작하여 채집하거나 포획한 수산물 중 해양수산부장관이 기획재정부장관과 협의하여 추천하는 것
⑦ 우리나라 선박 등이 채집하거나 포획한 수산물과 수산물의 포장에 사용된 물품으로서 재사용이 불가능한 것(골판지 어상자)
⑧ 중소기업이 해외구매자의 주문에 따라 제작한 기계·기구가 해당 구매자가 요구한 규격 및 성능에 일치하는지를 확인하기 위하여 하는 시험생산에 필요한 원재료로서 해당 중소기업에 외국인이 무상으로 공급하는 물품
⑨ 우리나라를 방문하는 외국의 원수와 그 가족 및 수행원의 물품
⑩ 우리나라의 선박이나 그 밖의 운송수단이 조난으로 인하여 해체된 경우 그 해체재 및 장비
⑪ 우리나라와 외국 간에 건설될 교량, 통신시설, 해저통로, 그 밖에 이에 준하는 시설의 건설 또는 수리에 필요한 물품
⑫ 우리나라 수출물품의 품질, 규격, 안전도 등이 수입국의 권한 있는 기관이 정하는 조건에 적합한 것임을 표시하는 수출물품에 부착하는 증표
⑬ 우리나라의 선박이나 항공기가 해외에서 사고로 발생한 피해를 복구하기 위하여 외국의 보험회사 또는 외국의 가해자의 부담으로 하는 수리 부분에 해당하는 물품
⑭ 우리나라의 선박이나 항공기가 매매계약상의 하자보수 보증기간 중에 외국에서 발생한 고장에 대하여 외국의 매도인의 부담으로 하는 수리 부분에 해당하는 물품
⑮ 국제올림픽·장애인올림픽·농아인올림픽 및 아시아운동경기·장애인아시아운동경기 종목에 해당하는 운동용구(부분품 포함)
⑯ 국립묘지의 건설·유지 또는 장식을 위한 자재와 국립묘지에 안장되는 자의 관·유골함 및 장례용 물품
⑰ 피상속인이 사망하여 국내에 주소를 둔 자에게 상속되는 피상속인의 신변용품
⑱ 보석의 원석 및 나석

5. 환경오염방지물품 등에 대한 감면(법 제95조)

다음의 물품으로서 국내에서 제작하기 곤란한 물품이 수입될 때에는 그 관세를 감면할 수 있다.
① 오염물질(소음·진동 포함)의 배출 방지 또는 처리를 위하여 사용하는 기계·기구·시설·장비
② 폐기물 처리(재활용 포함)를 위하여 사용하는 기계·기구
③ 기계·전자기술 또는 정보처리기술을 응용한 공장 자동화 기계·기구·설비(구성기기 포함) 및 그 핵심부분품

6. 재수출 면세(법 제97조)

① 면세 대상

수입신고수리일부터 다음의 어느 하나의 기간에 다시 수출하는 물품에 대해서는 그 관세를 면제할 수 있다.

ㄱ 1년의 범위에서 세관장이 정하는 기간(1년 범위에서 연장 가능)

> - 수출입물품의 포장용품
> - 일시입국자가 본인이 사용하고 재수출할 목적으로 수입하는 신변용품 · 직업용품 · 취재용품
> - 박람회 · 전시회 등 행사에 출품 · 사용하기 위해 수입하는 물품
> - 수리 · 검사 또는 시험을 위한 기계 · 기구
> ※ 재수출면세 대상을 요약한 것임

ㄴ 세관장이 정하는 기간(1년을 초과하여 수출하여야 할 부득이한 사유가 있는 물품)

> - 수송기기의 하자를 보수하거나 이를 유지하기 위한 부분품
> - 외국인 여행자가 연 1회 이상 항해조건으로 반입한 후 지방자치단체에서 보관 · 관리하는 요트 (모터보트 포함)

② 사후관리

다음에 해당하는 경우에는 수출하지 아니한 자, 용도 외로 사용한 자 또는 양도를 한 자로부터 면제된 관세를 즉시 징수하며, 양도인으로부터 해당 관세를 징수할 수 없을 때에는 양수인으로부터 면제된 관세를 즉시 징수한다.

ㄱ 재수출면세 규정에 의하여 관세를 면제받은 물품을 재수출기간 내에 수출하지 아니한 경우(500만원 넘지 아니하는 범위에서 관세의 20% 가산세 징수)

ㄴ 지정된 용도 외의 다른 용도로 사용하거나 해당 용도 외의 다른 용도로 사용하려는 자에게 양도한 경우

7. 재수출 감면(법 제98조)

① 감면 요건

> ㄱ 장기간에 걸쳐 사용할 수 있는 물품이어야 한다[내용연수가 5년(금형의 경우에는 2년) 이상인 물품이어야 한다].
> ㄴ 임대차계약 · 도급계약 · 수출계약의 이행과 관련하여 수입되어야 한다.
> ㄷ 국내에서 일시적으로 사용하기 위하여 수입되어야 한다.
> ㄹ 법정기한 내에 재수출되어야 한다.
> ㅁ 외국과 체결한 조약 · 협정 등에 따라 수입되는 것에 대해서는 상호조건에 따라 관세를 면제한다.
> ㅂ 개당 또는 셋트당의 관세액이 500만원 이상인 물품이어야 한다.
> ㅅ 국내제작이 곤란함을 해당 물품의 생산에 관한 업무를 관장하는 중앙행정기관의 장 또는 그 위임을 받은 자가 확인하고 추천하는 기관 또는 기업이 수입하는 물품이어야 한다.

② 재수출 기간

재수출감면 대상	재수출 기간
㉠ 일반적인 물품	수입신고수리일부터 2년 이내
㉡ 장기간의 사용이 부득이한 물품으로서 수입하기 전에 세관장승인을 받은 것	4년의 범위에서 대통령령으로 정하는 기준에 따라 세관장이 정하는 기간

③ 사후관리: 재수출면세와 동일

4 관세감면의 사후관리

1. 감면물품의 용도 외 사용 등에 대한 승인신청

① 사후관리 대상인 관세감면물품을 감면받은 용도 외의 다른 용도로 사용하거나 감면받은 용도 외의 다른 용도로 사용할 자에게 양도하기 위해서는 세관장의 승인을 받아야 한다.
② 관세감면물품이 재해나 그 밖의 부득이한 사유로 인하여 멸실되거나 세관장의 승인을 받아 폐기된 경우, 용도 외 사용하거나 용도 외의 다른 용도로 사용할 자에게 양도한 것으로 보지 않는다.

2. 감면의 승계(관세감면물품의 용도 외 사용)

감면 승계 대상	① 해당 물품을 다른 용도로 사용하는 자나 다른 용도로 사용하기 위하여 양수하는 자가 그 물품을 다른 용도로 사용하기 위하여 수입하는 경우에는 그 물품에 대하여 법령·조약·협정 등에 따라 관세를 감면받을 수 있는 경우에만, 용도 외 사용하거나 양도하는 경우에도 관세를 감면할 수 있다. ② 학술연구용품의 감면(법 제90조), 특정물품의 면세 등(법 제93조), 환경오염방지물품 등에 대한 감면(법 제95조), 재수출감면(법 제98조)의 규정에 따라 관세를 감면받은 물품은 수탁·위탁거래의 관계에 있는 기업에 양도할 수 있으며, 이 경우에도 관세를 감면할 수 있다.
감면 승계 제한	「관세법」 이외의 법령·조약·협정 등에 따라 감면된 관세를 징수할 때에는 감면승계가 적용되지 않는다.
사후관리기간	당초의 수입신고 수리일부터 계산한다.

3. 사후관리기간(감면물품의 용도 외 사용 등의 금지기간)

조건부 감면세 (재수출 면세·감면 제외)	수입신고 수리일부터	3년의 범위에서 대통령령으로 정하는 기준에 따라 관세청장이 정하는 기간
외교관 면세 양수제한 물품		
재수출 면세		1년의 범위에서 세관장이 정하는 기간 (1년 연장 가능)
재수출 감면		2년(장기: 4년의 범위에서 세관장이 정하는 기간)
다른 법령 등에 따른 감면		3년 내

제2절 분할납부

1 분할납부의 대상(법 제107조)

1. 천재지변 등으로 인한 분할납부

다음의 사유로 신고, 신청, 납부 등을 정하여진 기한까지 할 수 없다고 인정될 때에는 1년을 넘지 아니하는 기간을 정하여 관세를 분할하여 납부하게 할 수 있다.

천지지변 등의 사유	① 천재지변 ② 전쟁·화재 등 재해나 도난으로 인하여 재산에 심한 손실을 입은 경우 ③ 사업에 현저한 손실을 입은 경우 ④ 사업이 중대한 위기에 처한 경우 ⑤ 그 밖에 세관장이 위에 준하는 사유가 있다고 인정하는 경우

2. 특정물품 수입시 분할납부

다음의 물품이 수입될 때에는 세관장은 기획재정부령으로 정하는 바에 따라 5년을 넘지 아니하는 기간을 정하여 관세의 분할납부를 승인할 수 있다.

① 시설기계류, 기초설비품, 건설용재료, 그 구조물과 공사용 장비	㉠ 「관세법」 별표 관세율표에서 부분품으로 분류되지 아니할 것 ㉡ 「관세법」 기타 관세에 관한 법률 또는 조약에 의하여 관세를 감면받지 아니할 것 ㉢ 해당 관세액이 500만원 이상일 것. 다만, 중소기업이 수입하는 경우에는 100만원 이상일 것 ㉣ 법 제51조 ~ 제72조(탄력관세)를 적용받는 물품이 아닐 것
② 중소제조업체가 직접 사용하기 위해 수입하는 물품	㉠ 「관세법」 별표 관세율표 제84류(기계류)·제85류(전기기기류) 및 제90류(정밀기기류)에 해당하는 물품 ㉡ 「관세법」 기타 관세에 관한 법률 또는 조약에 의하여 관세의 감면을 받지 아니할 것 ㉢ 해당 관세액이 100만원 이상일 것 ㉣ 법 제51조 ~ 제72조(탄력관세)를 적용받는 물품이 아닐 것 ㉤ 국내에서 제작이 곤란한 물품으로서 해당 물품의 생산에 관한 사무를 관장하는 주무부처의 장 또는 그 위임을 받은 기관의 장이 확인한 것일 것 ㉥ 중소기업자로서 한국표준산업분류표상 제조업을 영위하는 업체일 것
③ 정부·지방자치단체, 학교·직업훈련원, 비영리법인, 사회복지기관, 연구기관 등에서 수입하는 물품 중 기획재정부장관이 고시하는 물품	㉠ 「관세법」 시행규칙 별표에 게기 ㉡ 「관세법」 기타 관세에 관한 법률 또는 조약에 의하여 관세를 감면받지 아니한 것

2 분할납부 신청 등

분할납부 신청	① 천재지변 등으로 인한 분할납부: 납부기한 내 신청 ② 특정물품 수입시의 분할납부: 수입신고시부터 수리전까지 신청
담보제공	분할납부하는 관세액에 상당하는 담보 제공
신고 의무	합병·분할·분할합병, 해산, 파산선고를 받은 경우, 관세를 납부하여야 하는 자가 지체 없이 그 사유를 세관장에게 신고
분할납부 불가 금액	수입신고 건당 관세액이 30만원 미만인 물품 제외

3 납세의무자

양도한 때	① 동일 용도 양도시: 양수인이 관세 납부 ② 다른 용도 양도시: 양도인이 관세 납부(양도인에게 징수할 수 없는 때 양수인으로부터 징수)
법인의 연대납세의무	① 합병·분할·분할합병 후 존속하는 법인 ② 합병·분할·분할합병으로 인하여 설립된 법인
파산선고를 받은 때	파산관재인
해산한 때	청산인

4 사후관리

1. 용도 변경/양도 승인

세관장의 승인을 받아야 한다.

2. 즉시 징수

사유	① 관세의 분할납부를 승인받은 물품을 분할납부기간에 해당 용도 외의 다른 용도로 사용하거나 해당 용도 외의 다른 용도로 사용하려는 자에게 양도한 경우 ② 관세를 지정된 기한까지 납부하지 아니한 경우. 다만, 관세청장이 부득이한 사유가 있다고 인정하는 경우는 제외한다. ③ 파산선고를 받은 경우 ④ 법인이 해산한 경우
납부기한	15일 이내의 납기를 정하여 납부고지를 하여야 하며, 납부기한별로 납부고지한 관세로서 그 납부기한이 즉시징수를 하는 경우의 납부기한 이후의 것의 납부고지는 이를 취소하여야 한다.

제5장 납세자의 권리 및 불복절차

제1절 납세자의 권리

Ⅰ. 관세 조사

1 납세자권리헌장의 제정 및 교부(법 제110조)

제정, 고시	관세청장
교부 사유 (세관공무원이 납세자에게 내주어야 하는 사유)	① 관세범(환급특례법상 죄 포함)에 관한 조사를 하는 경우 ② 관세조사를 하는 경우 ③ 징수권의 확보를 위하여 압류를 하는 경우 ④ 보세판매장에 대한 조사를 하는 경우
교부 생략	① 납세자를 긴급히 체포·압수·수색하는 경우 ② 현행범인 납세자가 도주할 우려가 있는 등 조사목적을 달성할 수 없다고 인정되는 경우

2 통합조사의 원칙(법 제110조의2)

통합조사	세관공무원은 신고납부세액과 「관세법」 및 다른 법령에서 정하는 수출입 관련 의무이행과 관련하여 그 권한에 속하는 사항을 통합하여 조사하는 것을 원칙으로 한다.
통합조사 원칙의 예외	① 세금탈루 혐의 등 특정 사안만을 조사할 필요가 있는 경우 ② 조세채권의 확보 등을 위하여 긴급히 조사할 필요가 있는 경우 ③ 특정 분야만을 조사할 필요가 있는 경우

3 관세조사 대상자 선정(법 제110조의3)

관세조사
대상자 선정
	① 정기선정 대상
	  ㉠ 관세청장이 정기적으로 성실도를 분석한 결과 불성실 혐의가 있다고 인정하는 경우
	  ㉡ 최근 4년 이상 조사를 받지 아니한 납세자에 대하여 신고내용이 적정한지를 검증할 필요가 있는 경우
	  ㉢ 무작위추출방식으로 표본조사를 하려는 경우
	② 소규모 성실사업자에 대한 관세조사 면제
	  ㉠ 최근 2년간 수출입신고 실적 30억원 이하이고,
	  ㉡ 최근 4년 이내 통고처분, 벌금형 이상의 선고, 관세 및 내국세의 체납, 세관장의 경정이 없을 것

③ 정기선정 외에 (별도의) 조사를 할 수 있는 경우

    ㉠ 납세자가 「관세법」에서 정하는 납세협력의무를 이행하지 아니한 경우

    ㉡ 수출입업자에 대한 구체적인 탈세정보 등이 있는 경우

    ㉢ 신고내용에 탈세나 오류의 혐의를 인정할 만한 자료가 있는 경우

    ㉣ 납세자가 세관공무원에게 직무와 관련하여 금품을 제공하거나 금품 제공을 알선한 경우

Ⅱ. 납세자의 권리

1 관세조사권 남용 금지(법 제111조)

관세조사권 남용 금지	세관공무원은 적정하고 공평한 과세를 실현하고 통관의 적법성을 보장하기 위하여 필요한 최소한의 범위에서 관세조사를 하여야 하며 다른 목적 등을 위하여 조사권을 남용하여서는 아니 된다.
중복조사의 금지	세관공무원은 다음 각 호의 어느 하나에 해당하는 경우를 제외하고는 해당 사안에 대하여 이미 조사받은 자를 다시 조사할 수 없다. ① 관세탈루 등의 혐의를 인정할 만한 명백한 자료가 있는 경우 ② 이미 조사받은 자의 거래상대방을 조사할 필요가 있는 경우 ③ 이의신청·심사청구 등에 따른 재조사 결정에 따라 재조사를 하는 경우 ④ 납세자가 세관공무원에게 직무와 관련하여 금품을 제공하거나 금품제공을 알선한 경우 ⑤ 밀수출입, 부정·불공정무역 등 경제질서 교란 등을 통한 탈세혐의가 있는 자에 대하여 일제조사를 하는 경우

2 관세조사의 경우 조력을 받을 권리(법 제112조)

납세자는 납세자권리헌장 교부사유(법 제110조 제2항 각 호)에 해당하여 세관공무원에게 조사를 받는 경우에 변호사·관세사로 하여금 조사에 참여하게 하거나 의견을 진술하게 할 수 있다.

📋 **변호사가 위원이 될 수 있는 위원회**

1. 관세체납정리위원회
2. 납세자보호위원회
3. 보세판매장 특허심사위원회
4. 관세범칙조사심의위원회

3 납세자의 성실성 추정 등(법 제113조)

세관공무원은 납세자가 성실하며 납세자가 제출한 신고서 등이 진실한 것으로 추정하여야 한다.

성실성 추정 배제사유	① 납세자가 법에서 정하는 신고 및 신청, 과세자료의 제출 등의 납세협력의무를 이행하지 아니한 경우 ② 납세자에 대한 구체적인 탈세정보가 있는 경우 ③ 신고내용에 탈루나 오류의 혐의를 인정할만한 명백한 자료가 있는 경우 ④ 납세자의 신고내용이 관세청장이 정한 기준과 비교하여 불성실하다고 인정되는 경우
제한불가 업무	① 세액심사를 위한 질문이나 자료제출의 요구 ② 신고한 물품의 검사 ③ 장부 또는 자료의 제출 ④ 그 밖의 법률(환급특례법 포함)의 규정에 따른 자료조사나 자료제출의 요구

4 관세조사의 사전통지와 연기신청(법 제114조)

1. 관세조사의 사전통지

사전통지 기간	세관공무원은 범칙사건조사 · 방문조사 등의 조사를 하는 경우에는 조사를 받게 될 납세자(그 위임을 받은 자 포함)에게 조사 시작 15일 전에 조사관련사항을 통지하여야 한다.
사전통지 생략	① 범칙사건에 대하여 조사하는 경우 ② 사전에 통지하면 증거인멸 등으로 조사목적을 달성할 수 없는 경우
관세조사 기간	① 최소한이 되도록 하며, 방문하여 조사하는 경우 조사기간은 20일 이내로 한다. ② 20일 범위에서 조사기간을 연장할 수 있다. 이 경우 2회 이상 연장하는 경우에는 관세청장의 승인을 받아야 한다. ③ 조사기간 연장 사유 　㉠ 조사대상자가 장부 · 서류 등을 은닉하거나 그 제출을 지연 또는 거부하는 등 조사를 기피하는 행위가 명백한 경우 　㉡ 조사범위를 다른 품목이나 거래상대방 등으로 확대할 필요가 있는 경우 　㉢ 천재지변이나 노동쟁의로 조사가 중단되는 경우 　㉣ 위에 준하는 사유로 사실관계의 확인이나 증거 확보 등을 위하여 조사기간을 연장할 필요가 있는 경우 　㉤ 납세자보호관 또는 담당관이 세금탈루 혐의와 관련하여 추가적인 사실 확인이 필요하다고 인정하는 경우 　㉥ 관세조사 대상자가 세금탈루 혐의에 대한 해명 등을 위하여 관세조사기간의 연장을 신청한 경우로서 납세자보호관 등이 이를 인정하는 경우

2. 관세조사 연기신청 사유

연기신청 사유	① 천재 · 지변이 있는 경우 ② 화재나 그 밖의 재해로 사업상 심한 어려움이 있는 경우 ③ 납세자 또는 그 위임을 받은 자의 질병, 장기출장 등으로 관세조사가 곤란하다고 판단되는 경우 ④ 권한 있는 기관에 의하여 장부 및 증빙서류가 압수 또는 영치된 경우 ⑤ 그 밖에 위에 준하는 사유가 있는 경우
세관장의 통지	관세조사 연기를 신청받은 세관장은 연기신청 승인 여부를 결정하고 그 결과를 조사 개시 전까지 신청인에게 통지하여야 한다.

5 장부 · 서류 등의 보관 금지(법 제114조의2)

장부 등의 보관	① 세관공무원은 관세조사의 목적으로 장부 등을 세관관서에 임의로 보관할 수 없다. ② 세관공무원은 '정기선정에 의한 조사 외의 조사를 하는 경우'에는 조사목적에 필요한 최소한의 범위에서 납세자의 동의를 받아 세관관서에 일시 보관할 수 있다. 이 경우 납세자로부터 일시 보관 동의서를 받아야 하며, 일시 보관증을 교부하여야 한다.
장부 등의 반환	① 세관공무원은 일시 보관하고 있는 장부 등에 대하여 납세자가 반환을 요청한 경우에는 납세자가 그 반환을 요청한 날부터 14일을 초과하여 장부 등을 보관할 수 없다. . 다만, 조사목적을 달성하기 위하여 필요한 경우에는 납세자보호위원회의 심의를 거쳐 한 차례만 14일 이내의 범위에서 보관 기간을 연장할 수 있다. ② 세관공무원은 납세자가 일시 보관하고 있는 장부등의 반환을 요청한 경우로서 관세조사에 지장이 없다고 판단될 때에는 요청한 장부등을 즉시 반환하여야 한다. ③ 세관공무원은 해당 관세조사를 종료하였을 때에는 일시 보관한 장부 등을 모두 반환하여야 한다.

6 관세조사의 결과통지(법 제115조)

세관공무원은 관세조사를 종료하였을 때에는 종료 후 20일 이내에 그 조사결과를 서면으로 납세자에게 통지하여야 한다. 다만, 다음의 경우에는 통지하지 않는다.

결과 통지 생략 사유	① 납세자에게 통고처분을 하는 경우 ② 범칙사건을 고발하는 경우 ③ 폐업한 경우 ④ 납세자의 주소 및 거소가 불명하거나 그 밖의 사유로 통지를 하기 곤란하다고 인정되는 경우

7 비밀유지(법 제116조)

세관공무원은 납세자의 과세정보를 타인에게 제공하거나 누설하여서는 아니 되며, 사용 목적 외의 용도로 사용하여서도 아니 된다. 다만, 다음 각 호의 어느 하나에 해당하는 경우에는 그 사용 목적에 맞는 범위에서 납세자의 과세정보를 제공할 수 있다(①, ④~⑦: 문서로 요구).

과세정보를 제공할 수 있는 경우	① 국가기관이 관세에 관한 쟁송이나 관세범에 대한 소추를 목적으로 과세정보를 요구하는 경우 ② 법원의 제출명령이나 법관이 발부한 영장에 따라 과세정보를 요구하는 경우 ③ 세관공무원 상호간에 관세를 부과·징수, 통관 또는 질문·검사하는 데에 필요하여 과세정보를 요구하는 경우 ④ 통계청장이 국가통계작성 목적으로 과세정보를 요구하는 경우 ⑤ '국가행정기관 및 지방자치단체, 공공기관, 은행 등'이 급부·지원 등의 대상자 선정 및 그 자격을 조사·심사하는데 필요한 과세정보를 당사자의 동의를 받아 요구하는 경우 ⑥ '공공기관, 은행'이 무역거래자의 거래, 지급, 수령 등을 확인하는데 필요한 과세정보를 당사자의 동의를 받아 요구하는 경우 ⑦ 다른 법률에 따라 과세정보를 요구하는 경우

8 고액·상습체납자 등의 명단 공개(법 제116조의2)

1. 명단 공개 대상

공개 주체	관세청장
명단공개 대상	① 체납발생일부터 1년이 지난 관세 및 내국세등이 2억원 이상인 체납자 ② 관세포탈, 부정감면, 부정환급의 범죄로 유죄판결이 확정된 자로서 같은 조에 따른 포탈, 감면, 면탈 또는 환급받은 관세 및 내국세등의 금액(포탈관세액)이 연간 2억원 이상인 자
명단공개 제외	① 체납관세등에 대하여 이의신청·심사청구 등 불복청구가 진행 중인 경우 ② 최근 2년간의 체납액 납부비율이 100분의 50 이상인 경우 ③ 회생계획인가의 결정에 따라 체납된 세금의 징수를 유예받고 그 유예기간 중에 있거나 체납된 세금을 회생계획의 납부일정에 따라 납부하고 있는 경우 ④ 재산상황, 미성년자 해당여부 및 그 밖의 사정 등을 고려할 때 관세정보위원회가 공개할 실익이 없거나 공개하는 것이 부적절하다고 인정하는 경우

2. 명단 공개의 방법

소명의 기회	관세청장은 심의위원회의 심의를 거친 공개대상 예정자에게 체납자 또는 관세포탈범 명단공개 대상 예정자임을 통지하여 소명할 기회를 주어야 한다.
심의 및 재심의	관세청장은 위의 통지한 날부터 6개월이 지나면 심의위원회로 하여금 체납액 또는 포탈관세액의 납부이행 등을 고려하여 체납자의 명단공개 여부를 재심의하게 한다.
공개방법	명단공개는 관보에 게재하거나 관세청장이 지정하는 정보통신망 또는 관할세관의 게시판에 게시하는 방법으로 한다.
공내 내용	체납자 명단공개시 공개할 사항은 체납자의 성명·상호(법인의 명칭 포함)·연령·직업·주소, 체납액의 세목·납기 및 체납요지 등으로 하고, 체납자가 법인인 경우에는 법인의 대표자를 함께 공개한다.
관세정보 위원회	체납자, 관세포탈범의 인적사항 등에 대한 공개여부를 심의 또는 재심의하고, 체납자에 대한 감치 필요성 여부를 의결하기 위하여 관세청에 관세정보위원회를 둔다.

9 납세증명서의 제출 및 발급(법 제116조의3)

납세증명서 발급	세관장은 납세자(미과세된 자 포함)로부터 발급신청을 받았을 때에는 그 사실을 확인하고 즉시 납세증명서를 발급하여야 한다.
납세증명서 제출 대상	① 국가, 지방자치단체 또는 감사원의 회계검사의 대상이 되는 법인 또는 단체 등으로부터 대금을 지급받을 경우 ② 외국인등록 또는 국내거소신고를 한 외국인이 체류기간 연장허가 등 대통령령으로 정하는 체류허가를 법무부장관에게 신청하는 경우 ③ 내국인이 해외이주 목적으로 재외동포청장에게 해외이주신고를 하는 경우
납세증명서 유효기간	증명서를 발급한 날부터 30일 (발급일 현재 납부기한이 진행 중인 관세 및 내국세 등이 있는 경우 그 납부기한까지)

10 고액·상습체납자의 감치(법 제116조의4)

감치 사유	① 관세를 3회 이상 체납하고 있고, 체납발생일부터 각 1년이 경과하였으며, 체납금액의 합계가 2억원 이상인 경우 ② 체납된 관세의 납부능력이 있음에도 불구하고 정당한 사유 없이 체납한 경우 ③ 관세정보위원회의 의결에 따라 해당 체납자에 대한 감치 필요성이 인정되는 경우
관세청장의 감치 신청	관세청장은 체납자가 '감치 사유에 모두 해당하는 경우' 체납자의 주소 또는 거소를 관할하는 지방검찰청 또는 지청의 검사에게 체납자의 감치를 신청할 수 있다.
법원의 감치	법원은 검사의 청구에 따라 '감치 사유에 모두 해당하는 경우' 결정으로 30일 범위에서 체납된 관세(내국세 포함)가 납부될 때까지 그 체납자를 감치에 처할 수 있다.
체납자의 의견진술 등	① 관세청장은 체납자의 감치를 신청하기 전에 체납자에게 소명자료를 제출하거나 의견을 진술할 수 있는 기회를 주어야 한다. ② 감치 결정에 대하여는 즉시항고를 할 수 있다. ③ 감치에 처하여진 체납자는 동일한 체납사실로 인하여 재차 감치되지 아니한다. ④ 감치에 처하는 재판을 받은 체납자가 그 감치의 집행 중에 체납된 관세를 납부한 경우에는 감치집행을 종료하여야 한다. ⑤ 감치에 처하는 재판 절차 등은 대법원규칙으로 정한다.

11 출국금지 요청 등(법 제116조의5)

출국금지 요청	① 관세청장은 정당한 사유 없이 5천만원 이상의 관세(내국세 포함)를 체납한 자 중 '출국금지 대상자'에 대하여 법무부장관에게 출국금지 또는 출국정지를 즉시 요청하여야 한다. ② 법무부장관은 출국금지 또는 출국정지를 한 경우 관세청장에게 그 결과를 정보통신망을 통하여 통보하여야 한다.

	다음에 해당하는 사람으로서 관할 세관장이 압류·공매, 담보 제공, 보증인의 납세보증서 등으로 조세채권을 확보할 수 없고, 강제징수를 회피할 우려가 있다고 인정하는 사람
출국금지 대상자	① 배우자 또는 직계존비속이 국외로 이주(국외 3년 이상 장기체류 포함)한 사람 ② 출국금지(출국정지 포함)의 요청일 현재 최근 2년간 미화 5만달러 상당액 이상을 국외로 송금한 사람 ③ 미화 5만달러 상당액 이상의 국외자산이 발견된 사람 ④ 명단이 공개된 고액·상습체납자 ⑤ 출국금지 요청일을 기준으로 최근 1년간 체납된 관세(내국세 포함)가 5천만원 이상인 상태에서 정당한 사유 없이 국외 출입 횟수가 3회 이상이거나 국외 체류 일수가 6개월 이상인 사람 ⑥ 사해행위 취소소송 중이거나 제3자와 짜고 한 거짓계약에 대한 취소소송 중인 사람
출국금지 해제 요청	관세청장은 다음의 어느 하나에 해당하는 경우에는 즉시 법무부장관에게 출국금지 또는 출국정지의 해제를 요청하여야 한다. ① 체납자가 체납액을 전부 또는 일부 납부하여 체납된 관세가 5천만원 미만으로 된 경우 ② 체납자 재산의 압류, 담보 제공 등으로 출국금지사유가 해소된 경우 ③ 관세징수권의 소멸시효가 완성된 경우 ④ 체납액의 부과결정의 취소 등에 따라 체납된 관세(내국세 포함)가 5천만원 미만이 된 경우 ⑤ 출국금지 요청의 요건을 충족하지 않게 된 경우
예외적 출국금지 해제 요청	관세청장은 출국금지 중인 사람에게 다음 각 호의 어느 하나에 해당하는 사유가 발생한 경우로서 강제징수를 회피할 목적으로 국외로 도피할 우려가 없다고 인정할 때에는 법무부장관에게 출국금지의 해제를 요청할 수 있다. ① 국외건설계약 체결, 수출신용장 개설, 외국인과 합작사업계약 체결 등 구체적인 사업계획을 가지고 출국하려는 경우 ② 국외에 거주하는 직계존비속이 사망하여 출국하려는 경우 ③ 본인의 신병 치료 등 불가피한 사유로 출국할 필요가 있다고 인정되는 경우

🔢 정보의 제공(법 제117조)

세관공무원은 납세자가 납세자의 권리행사에 필요한 정보를 요구하면 신속하게 제공하여야 한다. 이 경우 세관공무원은 납세자가 요구한 정보와 관련되어 있어 관세청장이 정하는 바에 따라 납세자가 반드시 알아야 한다고 판단되는 그 밖의 정보도 함께 제공하여야 한다.

Ⅲ. 납세자의 권리 보호

🔢 과세전적부심사(법 제118조)

1. 과세전통지

세관장은 경정 또는 관세추징 규정에 따라 납부세액이나 납부하여야 하는 세액에 미치지 못한 금액을 징수하려는 경우에는 미리 납세의무자에게 그 내용을 서면으로 통지하여야 한다.

과세전통지 생략 대상	① 통지하려는 날부터 3개월 이내에 관세부과의 제척기간이 만료되는 경우 ② 잠정가격신고물품에 대하여 납세의무자가 확정가격을 신고한 경우 ③ 수입신고 수리전 세액심사 결과에 따라 부족세액을 징수하는 경우 ④ (사후관리 규정을 위반하여) 면제·감면된 관세를 징수하는 경우 ⑤ 관세포탈죄로 고발되어 포탈세액을 징수하는 경우 ⑥ 납부세액의 계산착오 등 명백한 오류에 의하여 부족세액을 징수하는 경우 ⑦ 감사원의 시정요구에 따라 징수하는 경우 ⑧ 납세의무자가 부도·휴업·폐업 또는 파산한 경우 ⑨ 관세품목분류위원회의 의결에 따라 결정한 품목분류에 의하여 수출입물품에 적용할 　세율이나 품목분류의 세번이 변경되어 부족세액을 징수하는 경우 ⑩ 과세전적부심사·이의신청·심사청구에 따른 재조사 결과에 따라 해당 처분의 취소· 　경정을 하거나 필요한 처분을 하는 경우

2. 과세전적부심사의 범위

세관장의 심사	납세의무자는 과세전통지를 받았을 때에는 그 통지를 받은 날부터 30일 이내에 기획재정 부령으로 정하는 세관장에게 통지 내용이 적법한지에 대한 심사를 청구할 수 있다.
관세청장의 심사	다음의 경우에는 관세청장에게 과세전적부심사를 청구할 수 있다. ① 관세평가분류원장의 품목분류 및 유권해석에 따라 세율이나 관세율표 번호가 변경되 　어 세액을 경정하거나 부족한 세액을 징수하는 경우 ② 동일 납세의무자가 동일한 사안에 대하여 둘 이상의 세관장에게 과세전적부심사를 청 　구하여야 하는 경우 ③ 관세청장의 훈령·예규·고시 등과 관련하여 새로운 해석이 필요한 경우 ④ 관세청장의 업무감사결과 또는 업무지시에 따라 세액을 경정하거나 부족한 세액을 징 　수하는 경우 ⑤ 과세전적부심사 청구금액이 5억원 이상일 것

3. 관세심사위원회의 심사 및 결정

심사 기한	과세전적부심사를 청구받은 세관장이나 관세청장은 그 청구를 받은 날부터 30일 이내에 관세심사위원회의 심사를 거쳐 결정을 하고, 그 결과를 청구인에게 통지하여야 한다.
심사를 생략할 수 있는 사유	① 과세전적부심사 청구기간이 지난 후 과세전적부심사청구가 제기된 경우 ② 보정기간 내에 보정을 하지 아니한 경우 ③ 과세전통지가 없는 경우 ④ 과세전통지가 청구인에게 한 것이 아닌 경우 ⑤ 과세전적부심사청구의 대상이 되는 통지의 내용이나 쟁점 등이 이미 관세심사위원회 　의 심의를 거쳐 결정한 사항과 동일한 경우
결정	① 청구가 이유 없다고 인정되는 경우: 채택하지 아니한다는 결정 ② 청구가 이유 있다고 인정되는 경우: 청구의 전부를 채택하는 결정, 청구의 일부를 채택하는 　결정, 재조사 결정 ③ 청구기간이 지났거나 보정기간 내에 보정하지 아니하는 경우 또는 적법하지 아니한 청구를 하는 　경우: 심사하지 아니한다는 결정

4. 경정

조기경정 신청	과세전 통지를 받은 자는 과세전적부심사를 청구하지 아니하고 통지를 한 세관장에게 통지받은 내용의 전부 또는 일부에 대하여 조기에 경정해 줄 것을 신청할 수 있다. 이 경우 세관장은 즉시 신청 받은 대로 세액을 경정하여야 한다.
경정 유보	납세의무자가 과세전적부심사를 청구한 경우, 그 청구 부분에 대하여 결정이 있을 때까지 경정을 유보해야 한다. 다만, 다음의 어느 하나에 해당하는 경우에는 그렇지 않다. ① 과세전적부심사를 청구한 날부터 관세부과의 제척기간 만료일까지 남은 기간이 3개월 이하인 경우 ② '과세전통지를 생략'하는 경우 ③ 납세의무자가 과세전적부심사를 청구한 이후 세관장에게 조기에 경정해 줄 것을 신청한 경우

2 관세청장의 납세자권리보호(법 제118조의2)

구분	납세자보호관	납세자보호담당관
소속	관세청에 1명	본부세관에 1명
요건	① 개방형직위로 운영한다. ② 독립성이 보장되어야 한다. ③ 전문지식과 경험을 갖추어야 한다. ④ 세관공무원 또는 세관공무원으로 퇴직한지 3년이 지나지 아니한 사람에 해당하지 아니한 사람을 대상으로 공개모집한다.	① 관세청 소속 공무원 중에서 관세청장이 정하는 기준에 해당하는 사람으로 한다. ② 독립성이 보장되어야 한다.
직무 및 권한	① 위법·부당한 관세조사 및 관세조사 중 세관공무원의 위법·부당한 행위에 대한 일시중지 및 중지 ② 위법·부당한 처분(납부고지 제외)에 대한 시정요구 ③ 위법·부당한 처분이 있을 수 있다고 인정되는 경우 그 처분절차의 일시중지 및 중지 ④ 납세서비스 관련 제도·절차 개선에 관한 사항 ⑤ 납세자의 권리보호업무에 관하여 납세자보호담당관에 대한 지도·감독 ⑥ 세금 관련 고충민원의 해소 등 납세자 권리보호에 관한 사항 ⑦ 그 밖에 납세자의 권리보호와 관련하여 관세청장이 정하는 사항	① 세금 관련 고충민원의 처리 등 납세자 권리보호에 관한 사항 ② 납세자보호관으로부터 위임받은 업무 ③ 그 밖에 납세자 권리보호에 관하여 관세청장이 정하는 사항

3 납세자보호위원회(법 제118조의4)

1. 납세자보호위원회의 설치 위치 및 위원 구성

본부세관 및 관세청에 납세자보호위원회를 둔다.

구분	위원장	위원
세관 납세자보호위원회	공무원이 아닌 사람 중에서 해당 세관장의 추천을 받아 관세청장이 위촉하는 사람	위원장 1명을 포함하여, 160명 이내의 위원
관세청 납세자보호위원회	공무원이 아닌 사람 중에서 기획재정부장관의 추천을 받아 관세청장이 위촉하는 사람	위원장 1명을 포함하여, 45명 이내의 위원

2. 납세자보호위원회의 심의사항

세관 납세자보호 위원회 심의사항	① 관세조사 범위의 확대 ② 관세조사기간 연장에 대한 납세자의 관세조사 일시중지 또는 중지 요청 ③ 위법·부당한 관세조사 및 관세조사 중 세관공무원의 위법·부당한 행위에 대한 납세자의 관세조사 일시중지 또는 중지 요청 ④ 장부 등의 일시 보관기간 연장 ⑤ 과세전적부심사 ⑥ 이의신청 ⑦ 그 밖에 고충민원의 처리 등 납세자의 권리보호를 위하여 납세자보호담당관이 심의가 필요하다고 인정하는 안건
관세청 납세자보호 위원회 심의사항	① 위 ① ~ ③에 대하여 세관 납세자보호위원회의 심의를 거친 해당 세관장의 결정에 대한 납세자의 취소 또는 변경 요청 ② 과세전적부심사 ③ 심사청구 ④ 그 밖에 고충민원의 처리 또는 납세자 권리보호를 위한 관세행정의 제도 및 절차 개선 등으로서 납세자보호위원회의 위원장 또는 납세자보호관이 심의가 필요하다고 인정하는 사항

3. 관세심사위원회

성격	세관 납세자보호위원회 및 관세청 납세자보호위원회에 각각 분과위원회로 관세심사위원회를 둔다.
심의사항	① (세관장에게 청구하는) 과세전적부심사, 이의신청 ② (관세청장에게 청구하는) 과세전적부심사, 심사청구
심의 의제	관세심사위원회의 심의 또는 심의·의결은 납세자보호위원회의 심의 또는 심의·의결로 본다.

해커스공무원 이명호 관세법 핵심요약집

제2절 심사와 심판

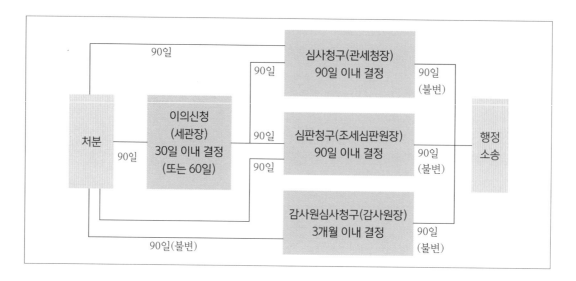

❶ 불복의 신청(법 제119조)

1. 「관세법」상 불복청구대상

불복청구를 할 수 있는 경우	① 「관세법」이나 그 밖의 관세에 관한 법률 또는 조약에 따른 처분으로서, ② 위법한 처분 또는 부당한 처분을 받거나 필요한 처분을 받지 못하여 권리나 이익을 침해당한 자는, ③ 「관세법」 규정에 따라 처분의 취소 또는 변경을 청구하거나 필요한 처분을 청구할 수 있다.
불복청구를 할 수 없는 경우	① 「관세법」에 따른 통고처분 ② 감사원 심사청구를 한 처분이나 그 심사청구에 대한 처분 ③ 「관세법」이나 그 밖의 관세에 관한 법률에 따른 과태료 부과처분
내국세 등에 대한 불복청구	수입물품에 부과하는 내국세 등의 부과, 징수, 감면, 환급 등에 관한 세관장의 처분에 불복하는 자는 「관세법」상 이의신청·심사청구·심판청구를 할 수 있다.
정보통신망을 이용한 불복청구	이의신청인·심사청구인·심판청구인은 관세청장 또는 조세심판원장이 운영하는 정보통신망을 이용하여 이의신청서, 심사청구서, 심판청구서를 제출할 수 있다. 이 경우 관세청장 또는 조세심판원장에게 이의신청서 등이 전송된 때에 「관세법」에 따라 제출된 것으로 본다.

📑 **불복청구를 할 수 있는 사람**

처분 당사자 (법 제119조 제1항)	위법한 처분 또는 부당한 처분을 받거나 필요한 처분을 받지 못하여 권리나 이익을 침해당한 자
이해관계인 (법 제119조 제9항)	① 제2차 납세의무자로서 납부고지서를 받은 자 ② 양도담보재산의 물적 납세의무를 지는 자로서 납부고지서를 받은 자 ③ 납세보증인
대리인 (법 제126조)	① 변호사, 관세사 ② 신청 또는 청구의 대상이 3천만원 미만인 경우: 배우자, 4촌 이내의 혈족, 배우자의 4촌 이내의 혈족

2. 이의신청 · 심사청구 · 심판청구 가능 여부

이의신청	① 처분이 관세청장이 조사 · 결정 또는 처리하거나 하였어야 할 것인 경우를 제외하고는 그 처분에 대하여 심사청구 또는 심판청구에 앞서 이의신청을 할 수 있다. ② 이의신청에 대한 처분과 이의신청 · 심사청구의 재조사 결정에 따른 처분청의 처분에 대해서는 이의신청을 할 수 없다.
심사청구 · 심판청구	① 심사청구 또는 심판청구에 대한 처분에 대해서는 이의신청, 심사청구 또는 심판청구를 제기할 수 없다. ② 심사청구 · 심판청구의 재조사 결정에 따른 처분청의 처분에 대해서는 해당 재조사 결정을 한 재결청에 심사청구 또는 심판청구를 제기할 수 있다. ③ 동일한 처분에 대하여는 심사청구와 심판청구를 중복하여 제기할 수 없다.
감사원 심사청구	① 감사원 심사청구는 그 처분을 한 것을 안 날(처분의 통지를 받았을 때에는 그 통지를 받은 날)부터 90일(불변기간) 이내에 하여야 한다. ② 감사원 심사청구를 거친 처분에 대한 행정소송은 그 심사청구에 대한 결정을 통지받은 날부터 90일(불변기간) 내에 처분청을 당사자로 하여 제기하여야 한다.

2 행정소송법 등과의 관계(법 제120조)

행정심판법과의 관계	이의신청 · 심사청구 · 심판청구에 대하여는 행정심판법을 적용하지 아니한다.
행정소송법 등과의 관계	① 위법한 처분에 대한 행정소송은 심사청구 · 심판청구와 그에 대한 결정을 거치지 아니하면 제기할 수 없다. 다만, 심사청구 · 심판청구의 재조사 결정에 따른 처분청의 처분에 대한 행정소송은 그러하지 아니하다. ② 행정소송은 심사청구 · 심판청구에 따른 결정을 통지받은 날부터 90일(불변기간) 이내에 제기하여야 한다.
감사원법과의 관계	감사원 심사청구를 거친 경우에는 「관세법」에 따른 심사청구 · 심판청구를 거친 것으로 본다.

3 불복청구기간·결정기간 등(법 제120조, 제128조)

구분	이의신청	심사청구	심판청구
불복청구 기간	① 처분을 한 것을 안 날부터 90일 이내 ② 처분하였다는 통지를 받았을 때에는 통지를 받은 날부터 90일 이내		
	–	(이의신청을 거친 경우) ① 이의신청에 대한 결정의 통지를 받은 날부터 90일 이내 ② 결정기간에 결정의 통지를 받지 못한 때에는 결정기간이 경과한 날부터	
	① 청구기간 내에 우편으로 제출한 심사청구서가 청구기간이 지나 세관장 또는 관세청장에게 도달한 경우에는 그 기간의 만료일에 청구된 것으로 본다. ② 천재지변 등의 사유로 청구기간 내에 심사청구를 할 수 없을 때에는 그 사유가 소멸한 날부터 14일 이내에 심사청구를 할 수 있다.		
결정기간	신청을 받은 날부터 30일 이내 (반대 증거 제출시 60일 이내)	청구를 받은 날부터 90일 이내	청구를 받은 날부터 90일 이내
행정소송 제기기간	소송제기 불가	① 결정의 통지를 받은 날부터 90일 이내 ② 결정기간 내에 결정을 통지받지 못한 경우에는 결정을 통지받기 전이라도 그 결정기간이 지난 날부터	

📋 보정기간
1. 보정기간은 심사청구기간에 산입하지 아니한다.
2. 보정기간은 결정기간에 산입하지 아니한다.

4 불복청구 절차(법 제122조, 제123조)

세관장 경유	① 심사청구는 불복하는 사유를 심사청구서에 적어 해당 처분을 하였거나 하였어야 하는 세관장을 거쳐 관세청장에게 하여야 한다. ② 심사청구기간을 계산할 때에는 심사청구서가 세관장에게 제출된 때에 심사청구가 된 것으로 본다. ③ 심사청구서를 제출받은 세관장은 이를 받은 날부터 7일 내에 그 심사청구서에 의견서를 첨부하여 관세청장에게 보내야 한다. ④ 관세청장은 세관장의 의견서를 받은 때에는 지체 없이 해당 의견서의 부본을 심사청구인에게 송부하여야 한다.
보정	① 관세청장은 20일 이내의 기간을 정하여 보정할 것을 요구할 수 있다. 다만, 보정할 사항이 경미한 경우에는 직권으로 보정할 수 있다. ② 심사청구인은 보정할 사항을 서면으로 작성하여 관세청장에게 제출하거나, 관세청에 출석하여 보정할 사항을 말하고 그 말한 내용을 세관공무원이 기록한 서면에 서명 또는 날인함으로써 보정할 수 있다.

관세심사 위원회의 심의	① 관세청장은 관세심사위원회의 의결이 법령에 명백히 위반된다고 판단하는 경우 관세심사위원회에 한 차례에 한정하여 다시 심의할 것을 요청할 수 있다. ② 관세심사위원회의 회의는 공개하지 아니한다. 다만, 관세심사위원회의 위원장이 필요하다고 인정할 때에는 공개할 수 있다.

5 불복청구의 원칙(법 제125조, 제128조의2)

집행부정지	이의신청 · 심사청구 · 심판청구는 해당 처분의 집행에 효력을 미치지 아니한다. 다만, 해당 재결청이 처분의 집행 또는 절차의 속행 때문에 이의신청인 · 심사청구인 · 심판청구인에게 중대한 손해가 생기는 것을 예방할 긴급한 필요성이 있다고 인정할 때에는 집행정지를 결정할 수 있다.
불고불리	관세청장은 심사청구의 결정을 할 때 심사청구를 한 처분 외의 처분에 대해서는 그 처분의 전부 또는 일부를 취소 또는 변경하거나 새로운 처분의 결정을 하지 못한다.
불이익변경 금지	관세청장은 심사청구의 결정을 할 때 심사청구를 한 처분보다 청구인에게 불리한 결정을 하지 못한다.

6 결정

1. 결정의 유형(법 제128조)

청구를 '각하'하는 결정	① 심판청구를 제기한 후 심사청구를 제기한 경우(같은 날 제기한 경우도 포함) ② 심사청구 기간이 지난 후에 심사청구를 제기한 경우 ③ 보정기간 내에 필요한 보정을 하지 아니한 경우 ④ 적법하지 아니한 심사청구를 제기한 경우
청구를 '기각'하는 결정	심사청구가 이유 없다고 인정되는 경우
처분의 취소 · 경정, 필요한 처분의 결정, 재조사 결정	심사청구가 이유 있다고 인정되는 경우

2. 결정절차

결정 등의 통지	① 결정 또는 불복방법의 통지를 하는 때에는 인편 또는 등기우편에 의하여야 하며, 인편에 의하는 경우에는 수령증을 받아야 한다. ② 심사청구인의 주소 또는 거소가 불명하거나 기타의 사유로 인하여 결정 등을 통지할 수 없는 때에는 그 요지를 당해 재결관서의 게시판 기타 적절한 장소에 공고하여야 한다. 공고를 한 때에는 그 공고가 있은 날부터 10일을 경과한 날에 결정 등의 통지를 받은 것으로 본다.
처분청의 재조사	재조사 결정이 있는 경우 처분청은 재조사 결정일부터 60일 이내에 결정된 주문에 기재된 범위에 한정하여 조사하고, 그 결과에 따라 필요한 처분을 하여야 한다.

제6장 운송수단

제1절 국제항

1 국제항(영 제155조, 제155조의2)

1. 국제항의 지정

① 대통령령으로 지정된 국제항

항구 (25)	ㄱ	경인항, 고현항, 광양항, 군산항
	ㄷ	대산항, 동해묵호항
	ㅁ	마산항, 목포항
	ㅂ	보령항, 부산항
	ㅅ	삼척항, 삼천포항, 속초항
	ㅇ	여수항, 옥포항, 완도항, 울산항, 인천항
	ㅈ	장승포항, 장항항, 제주항, 진해항
	ㅌ	통영항
	ㅍ	평택당진항, 포항항
공항(8)		양양공항, 김포공항, 인천공항, 제주공항, 대구공항, 김해공항, 청주공항, 무안공항

② 국제무역선이나 국제무역기는 국제항에 한정하여 운항할 수 있다.

③ 국제항이 아닌 지역에 출입하려는 경우 세관장의 허가를 받아야 한다. 이 경우 허가수수료를 납부하여야 한다. 세관장은 허가의 신청을 받은 날부터 10일 이내에 허가여부를 신청인에게 통지하여야한다. 통지기간 내에 통지하지 아니하면 그 기간이 끝난 날의 다음 날에 허가를 한 것으로 본다.

2. 국제항의 지정요건

① 「선박의 입항 및 출항 등에 관한 법률」 또는 「공항시설법」에 따라 국제무역선(기)이 항상 입출항할수 있을 것

② 국내선과 구분되는 국제선 전용통로 및 그 밖에 출입국업무를 처리하는 행정기관의 업무수행에 필요한 인력·시설·장비를 확보할 수 있을 것

③ 공항 및 항구의 여객수 또는 화물량 등에 관한 다음의 기준을 갖출 것

공항	㉠ 정기여객기가 주 6회 이상 입항하거나 입항할 것으로 예상될 것 (또는) ㉡ 여객기로 입국하는 여객수가 연간 4만명 이상일 것
항구	국제무역선인 5천톤급 이상의 선박이 연간 50회 이상 입항하거나 입항할 것으로 예상될 것

3. 시설 개선 명령 등

국제항의 운영자	국제항이 시설기준 등에 미치지 못하게 된 경우 그 시설 등을 신속하게 개선하여야 한다.
관세청장 또는 관계행정기관의 장	국제항이 지정요건을 갖추지 못하여 업무수행 등에 상당한 지장을 준다고 판단하는 경우에는 기획재정부장관에게 그 사실을 보고해야 한다.
기획재정부장관	① 시설 등의 개선을 명할 수 있다. ② 관세청장 또는 국제항시설의 관리기관의 장과 국제항에 대한 현장점검을 할 수 있다. ③ 기획재정부장관은 국제항의 운영자에게 개선대책 수립, 시설개선 등을 명할 수 있으며, 그 이행결과를 보고하게 할 수 있다.

제2절 선박과 항공기

I. 입출항절차

1 입항절차 · 출항절차 · 간이입출항절차

1. 입항절차(법 제135조)

입항보고	때		국제무역선 · 국제무역기가 입항하려는 때
	주체		선장이나 기장
제출 서류	국제무역선(기) 공통 서류		대통령령으로 정하는 사항이 적힌 선박용품 또는 항공기용품의 목록, 승무원휴대품목록, 여객명부, 승무원명부, 적재화물목록
	국제무역선 추가 서류		선박국적증서, 최종출발항의 출항허가증
	감시 · 단속에 지장이 없다고 인정될 때		선박용품 또는 항공기용품의 목록, 승무원휴대품목록 첨부 생략 가능
입항전 서류 제출	사유		신속한 입항 및 통관절차의 이행과 효율적인 감시 · 단속을 위하여 필요할 때
	주체		선박 · 항공기가 소속된 선박회사 · 항공사
	주체 (예외)		화물운송주선업자(탁송품 운송업자로 한정)가 작성한 적재화물목록은 화물운송주선업자가 제출

2. 출항절차(법 제136조)

출항허가	때	국제무역선·국제무역기가 출항하기 전
	주체	선장이나 기장
제출 서류	적재화물목록	
서류 제출 시기의 예외	출항절차를 신속하게 진행하기 위해 필요한 경우	출항허가 후 7일 범위
	신속한 출항 및 통관절차의 이행과 효율적인 감시·단속 위해 필요한 경우	출항허가 신청 전 ① 선박회사·항공사가 제출 ② 화물운송주선업자(탁송품 운송업자로 한정)가 작성한 적재화물목록은 화물운송주선업자가 제출

3. 간이 입출항절차(법 제137조)

① 국제항에 입항하여 하역하지 아니하고 입항한 때부터 24시간 이내에 출항하는 경우
② 국제항에 입항하여 입항절차를 마친 후 다시 우리나라의 다른 국제항에 입항하는 경우

2 승객예약자료의 요청(법 제137조의2)

1. 승객예약자료의 요청

승객예약자료	입항하거나 출항하는 선박 또는 항공기가 소속된 선박회사 또는 항공사가 운영하는 예약정보시스템의 승객예약자료
	① 국적, 성명, 생년월일, 여권번호 및 예약번호 ② 주소 및 전화번호 ③ 예약 및 탑승수속 시점 ④ 항공권 또는 승선표의 번호·발권일·발권도시 및 대금결제방법 ⑤ 여행경로 및 여행사 ⑥ 동반탑승자 및 좌석번호 ⑦ 수하물 자료 ⑧ 항공사 또는 선박회사의 회원으로 가입한 경우 그 회원번호 및 등급과 승객주문정보
열람 및 제출 요청	세관장은 승객예약자료를 열람하거나 제출하여 줄 것을 선박회사 또는 항공사에 요청할 수 있다.
요청 목적	① 수출입금지물품을 수출입한 자 또는 수출입하려는 자에 대한 검사업무 ② 수출입·반송신고 규정을 위반한 자 또는 해당 신고 규정을 위반하여 마약류, 총포·도검·화약류·분사기·전자충격기·석궁을 수출입하거나 반송하려는 자에 대한 검사업무

2. 승객예약자료의 열람

열람 가능 공무원	① 관세청장이 지정하는 세관공무원 ② 세관장이 해당 세관공무원에게 개인식별 고유번호 부여
보존승객 예약자료	① 입·출항일부터 1월이 경과한 승객예약자료 ② 보존: (세관장) 3년간 보존(마약류 등을 수출입하여 통고처분을 받거나 벌금형 이상의 형의 선고를 받은 사실이 있는 자 또는 해당 행위를 할 우려가 있는 경우 5년간 보존) ③ (세관공무원) 보존승객예약자료 열람시 세관장의 승인

3 재해나 그 밖의 부득이한 사유로 인한 면책 등

면책 및 약식 절차 (법 제138조)	입출항 절차, 하역절차의 규정은 재해나 그 밖의 부득이한 사유에 의한 경우에는 적용하지 아니한다. ① 선장·기장은 지체 없이 세관공무원·경찰공무원에게 신고 ② 경찰공무원은 지체 없이 세관공무원에게 통보 ③ 선장·기장은 사유 종료시 지체 없이 세관장에게 경과 보고
임시 외국 정박 또는 착륙의 보고 (법 제139조)	재해나 그 밖의 부득이한 사유로 국내운항선이나 국내운항기가 외국에 임시 정박 또는 착륙하고 우리나라로 되돌아왔을 때에는 선장이나 기장은 지체 없이 그 사실을 세관장에게 보고하여야 하며, 외국에서 적재한 물품이 있을 때에는 그 목록을 제출하여야 한다.

Ⅱ. 물품의 하역

1 물품의 하역(법 제140조)

입항절차 종료 전 하역·환적 금지	국제무역선이나 국제무역기는 입항절차를 마친 후가 아니면 물품을 하역하거나 환적할 수 없다. 다만, 세관장의 허가를 받은 경우에는 그러하지 아니하다(10일 이내 허가 여부를 통지하지 아니하면 그 기간이 끝난 날의 다음날에 허가를 한 것으로 본다).
물품의 하역	국제무역선이나 국제무역기에 물품을 하역하려면 세관장에게 신고하고 현장에서 세관공무원의 확인을 받아야 한다. 다만, 세관공무원이 확인할 필요가 없다고 인정하는 경우에는 그러하지 아니하다.
하역통로와 기간 제한	세관장은 감시·단속을 위하여 필요할 때에는 물품을 하역하는 장소 및 통로(하역통로)와 기간을 관세청장이 정하는 바에 따라 제한할 수 있다.
하역 제한	세관장은 하역신고된 물품이 폐기물·화학물질 등 관세청장이 관계 중앙행정기관의 장과 협의하여 고시하는 물품으로서 하역 장소 및 통로, 기간을 제한하는 방법으로는 사회안전 또는 국민보건 피해를 방지하기 어렵다고 인정되는 경우에는 하역을 제한하고, 적절한 조치 또는 반송을 명할 수 있다.
내국물품·외국물품 적재 제한	국제무역선이나 국제무역기에는 내국물품을 적재할 수 없으며, 국내운항선이나 국내운항기에는 외국물품을 적재할 수 없다. 다만, 세관장의 허가를 받았을 때에는 그러하지 아니하다.

2 외국물품의 일시양륙 등

일시양륙 등 (법 제141조)	다음의 경우, 세관장에게 신고를 하고 현장에서 세관공무원의 확인을 받아야 한다. 다만, 관세청장이 감시·단속에 지장이 없다고 인정하여 따로 정하는 경우에는 간소한 방법으로 신고 또는 확인하거나 이를 생략하게 할 수 있다. ① 외국물품을 운송수단으로부터 일시적으로 육지에 내려 놓으려는 경우 ② 해당 운송수단의 여객·승무원 또는 운전자가 아닌 자가 타려는 경우 ③ 외국물품을 적재한 운송수단에서 다른 운송수단으로 물품을 환적 또는 복합환적하거나 사람을 이동시키는 경우
항외 하역 (법 제142조)	국제무역선이 국제항의 바깥에서 물품을 하역하거나 환적하려는 경우에는 선장은 세관장의 허가를 받아야 한다(10일 이내 허가여부 통지하지 아니하면 그 기간이 끝난 날의 다음날에 허가를 한 것으로 본다).

3 선박용품 및 항공기용품 등의 하역 등(법 제143조)

선박용품 등 하역·환적 허가	다음 중 어느 하나에 해당하는 물품을 국제무역선·국제무역기·원양어선에 하역하거나 환적하려면 세관장의 허가를 받아야 한다(10일 이내 허가 여부를 통지하지 아니하면 그 기간이 끝난 날의 다음날에 허가를 한 것으로 본다). ① 선박용품 또는 항공기용품 ② 국제무역선 또는 국제무역기 안에서 판매하는 물품 ③ 해양수산부장관의 허가·승인 또는 지정을 받은 자가 조업하는 원양어선에 무상으로 송부하기 위하여 반출하는 물품으로서 해양수산부장관이 확인한 물품
외국물품인 선박용품 등	① 선박용품 등이 외국으로부터 우리나라에 도착한 외국물품일 때에는 보세구역으로부터 국제무역선 등에 적재하는 경우에만 그 외국물품을 그대로 적재할 수 있다. ② 외국물품인 선박용품 등이 하역 또는 환적허가의 내용대로 운송수단에 적재되지 아니한 경우에는 해당 허가를 받은 자로부터 즉시 그 관세를 징수한다. 다만 다음의 경우에는 그러하지 아니하다. ⓐ 세관장이 지정한 기간 내에 그 물품이 다시 보세구역에 반입된 경우 ⓑ 재해나 그 밖의 부득이한 사유로 멸실된 경우 ⓒ 미리 세관장의 승인을 받고 폐기한 경우

4 국제무역선의 국내운항선으로의 전환 등

전환 승인 (법 제144조)	국제무역선 또는 국제무역기를 국내운항선 또는 국내운항기로 전환하거나, 국내운항선 또는 국내운항기를 국제무역선 또는 국제무역기로 전환하려면 선장이나 기장은 세관장의 승인을 받아야 한다.
국제무역선(기) 규정을 준용하는 선박·항공기 (법 제146조)	① 국제무역선(기) 외의 선박·항공기로서 외국에 운항하는 선박·항공기 ② 환승전용 국내운항기: 외국을 왕래하는 여행자와 휴대품·탁송품·별송품을 전용으로 운송하기 위하여 국내에서만 운항하는 항공기
국제무역선(기) 규정을 준용하지 않는 선박·항공기 (법 제146조)	① 군함 및 군용기 ② 국가원수 또는 정부를 대표하는 외교사절이 전용하는 선박 또는 항공기 ③ 국경하천만을 운항하는 내국선박

Ⅲ. 차량

1 관세통로(법 제148조)

구분	관세통로	통관역	통관장
지정대상	① 육상국경으로부터 통관역에 이르는 철도 ② 육상국경으로부터 통관장에 이르는 육로 또는 수로	국외와 연결되고 국경에 근접한 철도역	관세통로에 접속한 장소
지정권자	세관장	관세청장	세관장
의무	경유	정차	정차

2 국경출입차량의 도착·출발 절차

1. 도착 절차(법 제149조)

① 도착 보고: 통관역장이나 도로차량의 운전자
② 제출 서류: 차량용품목록·여객명부·승무원명부 및 승무원휴대품목록, 관세청장이 정하는 적재화물목록, 최종출발지의 출발허가서 (감시·단속에 지장이 없다고 인정될 때 차량용품목록, 승무원휴대품목록 첨부 생략)
③ 도착 전 서류제출: 신속한 입국 및 통관절차의 이행과 효율적인 감시·단속을 위하여 필요한 경우
④ 반복운송 도로차량의 경우: 모래·자갈 등 골재, 석탄·흑연 등 광물을 일정기간에 일정량으로 나누어 반복적으로 운송하는 데에 사용되는 도로차량의 운전자는 사증(査證)을 받는 것으로 도착보고를 대신할 수 있다. 다만, 최종 도착보고의 경우는 제외한다. 이 경우 도로차량의 운전자는 최종도착보고를 하는 때에 차량용품목록 등의 서류를 한꺼번에 제출해야 한다.

2. 출발절차(법 제150조)

① 출발허가: 통관역장이나 도로차량의 운전자
② 제출 서류: 통관역이나 통관장에서 적재한 물품의 목록
③ 반복운송 도로차량의 경우: 모래·자갈 등 골재, 석탄·흑연 등 광물을 일정기간에 일정량으로 나누어 반복적으로 운송하는 데에 사용되는 도로차량의 운전자는 사증을 받는 것으로 출발보고 및 출발허가를 대신할 수 있다. 다만 최초 출발보고와 최초 출발허가의 경우를 제외한다.

3 차량용품 및 국경출입차량 판매물품의 하역·환적

선박용품 등 규정과 동일하다.

제7장) 보세구역

I. 보세구역 통칙

1 보세구역의 종류

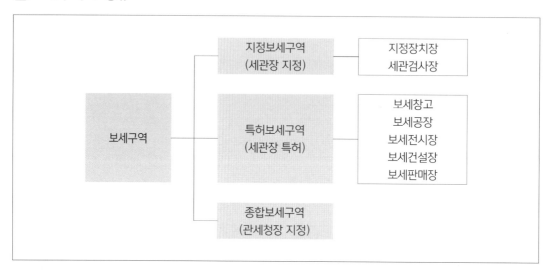

2 물품의 장치(법 제155조 ~ 제156조)

외국물품은 보세구역이 아닌 장소에 장치할 수 없다. 다만, 다음의 물품은 보세구역이 아닌 장소에 장치할 수 있다.

① 수출신고가 수리된 물품
② 크기 또는 무게의 과다나 그 밖의 사유로 보세구역에 장치하기 곤란하거나 부적당한 물품(세관장의 허가, 담보 제공, 필요한 시설의 설치, 허가수수료)
③ 재해나 그 밖의 부득이한 사유로 임시로 장치한 물품
④ 검역물품
⑤ 압수물품
⑥ 우편물품

3 물품의 반입 · 반출

물품의 반입 · 반출신고 (법 제157조)	① 보세구역에 물품을 반입하거나 반출하려는 자는 세관장에게 신고하여야 한다. ② 보세구역에 물품을 반입하거나 반출하려는 경우에는 세관장은 세관공무원을 참여시킬 수 있으며, 세관공무원은 해당 물품을 검사할 수 있다.
수입신고수리물품의 반출 (법 제157조의2)	관세청장이 정하는 보세구역에 반입되어 수입신고가 수리된 물품의 화주 또는 반입자는 장치기간 규정에도 불구하고 그 수입신고수리일부터 15일 이내에 해당 물품을 보세구역으로부터 반출하여야 한다(반출기간 연장승인을 받은 경우 제외).

4 보세구역 내 작업

1. 보수작업(법 제158조)

절차	세관장의 승인을 받아야 한다(10일 이내 승인 여부를 통지하지 아니하면 그 기간이 끝난 날의 다음날에 승인을 한 것으로 본다).
범위	① 현상을 유지하기 위한 보수작업 ② 성질이 변하지 아니하게 하는 범위에서 포장을 바꾸거나 구분 · 분할 · 합병을 하는 등의 보수작업
장소	보세구역에서 하여야 하나, 세관장이 인정할 때에는 기간과 장소를 지정받아 보세구역 밖에서 보수작업을 할 수 있다. 보세구역 밖에서의 작업을 위하여 지정된 장소에 반입된 외국물품은 지정된 기간이 만료될 때까지는 보세구역에 있는 것으로 한다.
관세징수	보세구역 외 보수작업의 승인기간이 경과한 경우 해당 보세구역 외 작업장에 보수작업 대상물품이 있는 때에는 보수작업을 승인받은 때의 성질과 수량에 따라 해당 보수작업의 승인을 받은 자로부터 그 관세를 즉시 징수한다.
재료	① 외국물품은 수입될 물품의 보수작업의 재료로 사용할 수 없다. ② 보수작업으로 외국물품에 부가된 내국물품은 외국물품으로 본다.

2. 해체 · 절단 등의 작업(법 제159조)

절차	세관장의 허가를 받아야 한다(10일 이내 허가 여부를 통지하지 아니하면 그 기간이 끝난 날의 다음날에 허가를 한 것으로 본다).
범위	① 원형을 변경하거나 해체 · 절단 등의 작업 ② 작업할 수 있는 물품의 종류는 관세청장이 정한다.
명령	수입신고한 물품에 대하여 화주 또는 그 위임을 받은 자에게 해체 · 절단 등의 작업을 하도록 명령할 수 있다.

3. 장치물품의 폐기(법 제160조)

폐기하려는 자의 폐기	① 부패·손상되거나 그 밖의 사유로 보세구역에 장치된 물품을 폐기하려는 자는 세관장의 승인을 받아야 한다. ② 보세구역에 장치된 외국물품이 멸실되거나 폐기되었을 때에는 그 운영인이나 보관인으로부터 즉시 그 관세를 징수한다. 다만, 재해나 그 밖의 부득이한 사유로 멸실된 때와 미리 세관장의 승인을 받아 폐기한 때에는 예외로 한다. ③ 승인을 받은 외국물품 중 폐기 후에 남아있는 부분에 대하여는 폐기 후의 성질과 수량에 따라 관세를 부과한다.
세관장의 폐기	세관장은 다음에 해당하는 것은 화주, 반입자, 화주 또는 반입자의 위임을 받은 자나 제2차 납세의무자에게 이를 반송 또는 폐기할 것을 명하거나 화주 등에게 통고한 후 폐기할 수 있다. 다만, 급박하여 통고할 여유가 없는 경우에는 폐기한 후 즉시 통고하여야 한다 (통고할 수 없는 경우, 공고로써 갈음함). ① 사람의 생명이나 재산에 해를 끼칠 우려가 있는 물품 ② 부패하거나 변질된 물품 ③ 유효기간이 지난 물품 ④ 상품가치가 없어진 물품 ⑤ 이상의 물품에 준하는 물품으로서 관세청장이 정하는 물품
폐기 비용	세관장이 물품을 폐기하거나 화주등이 물품을 폐기 또는 반송한 경우 그 비용은 화주등이 부담한다.

4. 견본품 반출(법 제161조)

견본품 반출	보세구역에 장치된 외국물품의 전부 또는 일부를 견본품으로 반출하려는 자, 국제무역선에서 물품을 하역하기 전에 외국물품의 일부를 견본품으로 반출하려는 자는 세관장의 허가를 받아야 한다(10일 이내 허가 여부를 통지하지 아니하면 그 기간이 끝난 날의 다음날에 허가를 한 것으로 본다).
견본품 채취	① 세관공무원은 보세구역에 반입된 물품 등에 대하여 검사상 필요하면 그 물품의 일부를 견본품으로 채취할 수 있다. ② 다음의 물품이 사용·소비된 경우에는 수입신고를 하여 관세를 납부하고 수리된 것으로 본다. ㉠ 세관공무원이 검사상 필요하여 견본품으로 채취한 물품 ㉡ 다른 법률에 따라 실시하는 검사·검역 등을 위하여 견본품으로 채취된 물품으로서 세관장의 확인을 받은 물품

5 물품취급자에 대한 단속 등

물품취급자에 대한 단속 (법 제162조)	다음에 해당하는 자는 물품 및 보세구역 감시에 관한 세관장의 명령을 준수하고 세관 공무원의 지휘를 받아야 한다. ① 보세구역 외 장치물품을 취급하는 자 ② 보세구역에 출입하는 자
세관공무원의 파견 (법 제163조)	세관장은 보세구역에 세관공무원을 파견하여 세관사무의 일부를 처리하게 할 수 있다.

6 보세구역의 자율관리(법 제164조 ~ 제165조)

지정 대상	보세구역 중 물품의 관리 및 세관감시에 지장이 없다고 인정하여 세관장이 지정하는 보세구역
자율관리	자율관리 보세구역에 장치한 물품은 보세구역 물품 반출입에 따른 세관공무원의 참 여와「관세법」에 따른 절차 중 관세청장이 정하는 절차를 생략한다.
자율관리보세구역 지정	① 세관장에게 지정 신청 ② 보세사 채용 ③ (보세구역의 위치, 시설상태 등 확인) 세관장의 지정
지정 취소	「관세법」에 따른 의무를 위반하거나, 세관감시에 지장이 있다고 인정되는 경우

7 보세사(법 제165조 ~ 제165조의5)

보세사 자격	① 운영인의 결격사유(피파집 벌통특징)에 해당하지 아니하는 사람 + 보세사 시험에 합격한 사람 ② 보세사로 근무하려면 해당 보세구역을 관할하는 세관장에게 등록하여야 한다.
보세사 시험	① 매과목 40점 이상, 전과목 평균 60점 이상 득점 ② 관세청장이 시험 시행일 90일 전까지 공고 ③ 일반직 공무원으로 5년 이상 관세행정에 종사한 경력이 있는 사람은 시험 과목 수 의 2분의 1을 넘지 아니하는 범위에서 일부 과목(수출입통관절차, 보세구역 관리) 을 면제한다. 다만, 파면되거나 해임된 자, 강등 또는 정직처분을 받은 후 2년이 지 나지 아니한 자는 면제하지 아니한다. ④ 관세청장은 부정 행위를 한 사람에 대하여는 해당 시험을 정지시키거나 무효로 하 고, 그 처분이 있는 날부터 5년간 시험 응시자격을 정지한다.
보세사의 직무	① 보세화물 및 내국물품의 반입 또는 반출에 대한 참관 및 확인 ② 보세구역 안에 장치된 물품의 관리 및 취급에 대한 참관 및 확인 ③ 보세구역출입문의 개폐 및 열쇠관리의 감독 ④ 보세구역의 출입자관리에 대한 감독 ⑤ 견본품의 반출 및 회수 ⑥ 기타 보세화물의 관리를 위하여 필요한 업무로서 관세청장이 정하는 업무

명의대여 금지	다음의 행위 위반시, 1년 이하의 징역 또는 1천만원 이하의 벌금에 처한다(법 제275조의4). ① 보세사는 다른 사람에게 자신의 성명·상호를 사용하여 보세사 업무를 하게 하거나 그 자격증 또는 등록증을 빌려주어서는 아니된다. ② 누구든지 다른 사람의 성명·상호를 사용하여 보세사의 업무를 수행하거나 자격증 또는 등록증을 빌려서는 아니된다. ③ 누구든지 명의대여 행위를 알선해서는 아니된다.
보세사징계 위원회	① 보세사의 징계에 관한 사항을 심의·의결하기 위하여 세관에 보세사징계위원회를 둔다. ② 위원장 1명을 포함하여 5명 이상 10명 이하의 위원으로 구성한다. ③ 위원장은 세관장 또는 해당 세관 소속 4급 이상 공무원으로서 세관장이 지명하는 사람이 된다. ④ 위원장은 회의 개최일 7일 전까지 각 위원과 해당 보세사에게 회의의 소집을 서면으로 통지해야 한다. ⑤ 회의는 위원장을 포함한 재적위원 3분의 2 이상의 출석으로 개의하고 출석위원 과반수의 찬성으로 의결한다.

II. 지정보세구역

1 지정보세구역의 지정(법 제166조 ~ 제168조)

지정 대상	세관장은 ① 국가, ② 지방자치단체, ③ 공항시설 또는 항만시설을 관리하는 법인이 소유하거나 관리하는 토지·건물 또는 그 밖의 시설을 지정보세구역으로 지정할 수 있다.
소유자 등의 동의	세관장은 해당 세관장이 관리하지 아니하는 토지 등을 지정보세구역으로 지정하려면 해당 토지 등의 소유자나 관리자의 동의를 받아야 한다. 이 경우 세관장은 임차료 등을 지급할 수 있다.
지정 취소	세관장은 수출입물량이 감소하거나 그 밖의 사유로 인하여 지정보세구역의 전부 또는 일부를 보세구역으로 존속시킬 필요가 없어졌다고 인정될 때에는 지정보세구역의 지정을 취소하여야 한다.
지정보세구역의 처분	지정보세구역의 지정을 받은 토지 등의 소유자나 관리자는 다음의 행위를 하려면 미리 세관장과 협의하여야 한다(단, 해당 행위가 지정보세구역으로서의 사용에 지장을 주지 아니하거나 지정보세구역으로 지정된 토지 등의 소유자가 국가나 지방자치단체인 경우에는 그러하지 아니하다). ① 해당 토지 등의 양도·교환·임대 또는 그 밖의 처분이나 그 용도의 변경 ② 해당 토지에 대한 공사나 해당 토지 안에 건물 또는 그 밖의 시설의 신축 ③ 해당 건물 또는 그 밖의 시설의 개축·이전·철거나 그 밖의 공사

2 지정장치장(법 제169조 ~ 제172조)

지정장치장	통관을 하려는 물품을 일시 장치하기 위한 장소로서 세관장이 지정하는 구역
장치기간	6개월의 범위에서 관세청장이 정한다. 다만 관세청장이 정하는 기준에 따라 세관장은 3개월의 범위에서 그 기간을 연장할 수 있다.
물품에 대한 보관책임	① 화주 또는 반입자: 지정장치장에 반입한 물품은 화주 또는 반입자가 그 보관의 책임을 진다. ② 화물관리인: 세관장은 지정장치장의 질서유지와 화물의 안전관리를 위하여 필요하다고 인정할 때에는 화주를 갈음하여 보관의 책임을 지는 화물관리인을 지정할 수 있다. 화물관리인은 화물관리에 필요한 비용(세관설비 사용료 포함)을 화주로부터 징수할 수 있다(요율: 세관장 승인). ③ 세관장: 세관장은 불가피한 사유로 화물관리인을 지정할 수 없을 때에는 화주를 대신하여 직접 화물관리를 할 수 있다. 이 경우 화물관리에 필요한 비용을 화주로부터 징수할 수 있다.

📋 화물관리인의 지정

지정받을 수 있는 자	① 직접 물품관리를 하는 국가기관의 장 ② 관세행정 또는 보세화물의 관리와 관련 있는 비영리법인 ③ 해당 시설의 소유자 또는 관리자가 요청한 자
지정 절차	• ①의 경우: 세관장 요청 → 승낙 → 지정 • ②, ③의 경우: 지정신청 → 심사 → 지정
지정의 유효기간	5년 이내
지정 취소 (① ~ ③: 청문)	① 거짓이나 그 밖의 부정한 방법으로 지정을 받은 경우 ② 화물관리인이 '미피파집/벌통특징/법'의 어느 하나에 해당하는 경우 ③ 화물관리인이 약정을 위반하여 해당 지정장치장의 질서유지 및 화물의 안전관리에 중대한 지장을 초래하는 경우 ④ 화물관리인이 그 지정의 취소를 요청하는 경우

3 세관검사장(법 제173조)

세관검사장	통관하려는 물품을 검사하기 위한 장소로서 세관장이 지정하는 지역
물품 검사	세관장은 관세청장이 정하는 바에 따라 검사를 받을 물품의 전부 또는 일부를 세관검사장에 반입하여 검사할 수 있다.
검사비용의 부담 및 지원	① 검사비용은 화주가 부담한다. ② 국가는 중소기업 또는 중견기업의 컨테이너 화물로서 해당 화물의 검사 결과 법령을 위반하지 아니하는 경우 등에는 예산의 범위에서 관세청장이 정하는 바에 따라 해당 검사비용을 지원할 수 있다.

Ⅲ. 특허보세구역

1 특허보세구역의 설치·운영에 관한 특허(법 제174조 ~ 제182조)

1. 특허(법 제174조)

특허권자	세관장
특허수수료	기획재정부령으로 정하는 수수료
특허의 요건	① 체납된 관세 및 내국세가 없을 것 ② 운영인의 결격 사유에 해당되지 않을 것 ③ 위험물품을 장치, 제조, 전시 또는 판매하는 경우 관계행정기관의 장의 허가 또는 승인 등을 받을 것 ④ 관세청장이 정하는 바에 따라 보세화물의 보관·판매 및 관리에 필요한 자본금, 수출입규모, 구매수요, 장치면적 등에 관한 요건을 갖출 것

📋 **운영인의 결격 사유(법 제175조)**
1. 미성년자
2. 피성년후견인과 피한정후견인
3. 파산선고를 받고 복권되지 아니한 자
4. 징역형의 집행유예를 선고받고 그 유예기간 중에 있는 자
5. 벌금형을 선고받거나 통고처분을 이행한 후 2년이 지나지 아니한 자. 다만, 양벌규정(법 제279조)에 따라 처벌된 개인 또는 법인은 제외한다.
6. 특허보세구역의 설치·운영에 관한 특허가 취소된 날과 (특허와 관련하여) 벌금형을 선고받은 날 또는 통고처분을 이행한 날 중 빠른 날부터 2년이 지나지 아니한 자
7. 「관세법」을 위반하여 징역형의 실형을 선고받고 그 집행이 끝나거나(집행이 끝난 것으로 보는 경우 포함) 면제된 후 2년이 지나지 아니한 자
8. 2. ~ 7.에 해당하는 자를 임원으로 하는 법인

2. 특허기간

일반	10년 이내(10년의 범위에서 신청인이 신청한 기간)
보세전시장 보세건설장	해당 박람회, 건설공사 등의 기간을 고려하여 세관장이 정하는 기간

3. 장치기간

보세창고	비축물품이 아닌 외국물품·내국물품	1년의 범위에서 관세청장이 정하는 기간(다만, 세관장이 필요하다고 인정하는 경우에는 1년의 범위 연장 가능)
	① 비축물품 ② 국제물류의 촉진을 위하여 　관세청장이 정하는 물품	비축에 필요한 기간
그 밖의 특허보세구역		해당 특허보세구역의 특허기간

4. 행정 제재(법 제178조 ~ 제182조)

물품반입 등 정지 (6개월 범위)	① 장치물품에 대한 관세를 납부할 자금능력이 없다고 인정되는 경우 ② 본인이나 그 사용인이 「관세법」 또는 「관세법」에 따른 명령에 위반한 경우 ③ 해당 시설의 미비 등으로 특허보세구역의 설치목적을 달성하기 곤란하다고 인정되는 경우 ④ 재고조사 결과 원자재소요량 관리가 적정하지 않은 경우 ⑤ 1년 동안 계속하여 물품의 반입·반출 실적이 없거나, 6개월 이상 보세작업을 하지 않은 경우 ⑥ 운영인이 최근 1년 이내에 법에 따른 절차 등을 위반한 경우 등 관세청장이 정하는 사유에 해당하는 경우 📋 **과징금 부과** 세관장은 물품반입 등의 정지처분이 그 이용자에게 심한 불편을 주거나 공익을 해칠 우려가 있는 경우에는 특허보세구역의 운영인에게 물품반입 등의 정지처분을 갈음하여 매출액의 100분의 3 이하의 과징금을 부과할 수 있다.

금액	물품반입 등의 정지 일수(1개월은 30일을 기준으로 한다) × 1일당 과징금 금액(연간 매출액의 6천분의 1)
매출액	직전 3개 사업연도의 평균 매출액
가중/경감	산정된 과징금 금액의 4분의 1의 범위에서 가중 또는 경감할 수 있다.

특허 취소 (①②⑤: 반드시 특허 취소)	① 거짓이나 그 밖의 부정한 방법으로 특허를 받은 경우 ② 운영인의 결격 사유에 해당하게 된 경우 ③ 1년 이내에 3회 이상 물품반입 등의 정지처분(과징금 부과처분 포함)을 받은 경우 ④ 2년 이상 물품의 반입실적이 없어서 세관장이 특허보세구역의 설치목적을 달성하기 곤란하다고 인정하는 경우 ⑤ 특허보세구역 운영인이 명의를 대여한 경우
특허의 효력 상실	① 운영인이 특허보세구역을 운영하지 아니하게 된 경우 ② 운영인이 해산하거나 사망한 경우 ③ 특허기간이 만료한 경우 ④ 특허가 취소된 경우 📋 **특허의 효력 상실시 조치 등** 1. 운영인은 30일 이상 계속하여 특허보세구역의 운영을 휴지하고자 하는 때에는 세관장에게 통보하여야 하며, 운영을 다시 개시하고자 하는 때에는 그 사실을 세관장에게 통보하여야 한다. 2. 특허를 받은 자가 사망하거나 해산한 경우, 상속인 또는 승계법인이 계속하여 그 특허보세구역을 운영하려면 피상속인 또는 피승계법인이 사망하거나 해산한 날부터 30일 이내에 세관장에게 신고하여야 한다. 3. 상속인 또는 승계법인이 '계속 운영' 신고를 하였을 때에는 피상속인 또는 피승계법인이 사망하거나 해산한 날부터 신고를 한 날까지의 기간 동안 피상속인 또는 피승계법인의 특허는 상속인 또는 승계법인의 특허로 본다. 4. 특허의 효력이 상실되었을 때에는 운영인이나 그 상속인 또는 승계법인은 해당 특허보세구역에 있는 외국물품을 지체 없이 다른 보세구역으로 반출하여야 한다. 5. 특허의 효력이 상실되었을 때에는 6개월의 범위에서 세관장이 지정하는 기간 동안 그 구역은 특허보세구역으로 보며, 운영인이나 그 상속인 또는 승계법인에 대해서는 특허가 있는 것으로 본다.

5. 특허보세구역의 특례

기업별 특허 비율	중소기업, 중견기업	보세판매장 총 특허 수의 100분의 30 이상의 특허를 부여하여야 한다.
	상호출자제한기업 집단에 속한 기업	보세판매장 총 특허 수의 100분의 60 이상의 특허를 부여할 수 없다.
특허 비율 판단 시점	특허 비율에 적합한지를 판단하는 시점: 보세판매장의 설치·운영에 관한 특허를 부여할 때를 기준으로 한다.	
특허 비율 적용 제외	다음의 모두에 해당하는 경우, 위의 특허비율을 적용하지 않는다. ① 중소기업 또는 중견기업 외의 자에게 특허를 부여할 경우 특허 비율 요건을 충족하지 못하게 되는 경우 ② 특허의 신청자격 요건을 갖춘 중소기업 또는 중견기업이 없는 경우	
특허수수료	보세판매장의 특허수수료는 기획재정부령으로 정하는 바에 따라 다른 종류의 보세구역 특허수수료와 달리 정할 수 있다.	
특허 갱신	특허를 받은 자는 두 차례에 한정하여 특허를 갱신할 수 있다. 이 경우 갱신기간은 한 차례당 5년 이내로 한다.	
국회 보고	① 기획재정부장관은 매 회계연도 종료 후 4개월 이내에 보세판매장 별 매출액을 대통령령으로 정하는 바에 따라 국회 소관 상임위원회에 보고하여야 한다. ② 관세청장은 기획재정부장관의 국회 소관 상임위원회에 대한 보고를 위하여 매 회계연도 종료 후 3월 말일까지 전국 보세판매장의 매장별 매출액을 기획재정부장관에게 보고하여야 한다.	

6. 보세판매장 특허심사위원회

심의사항	보세판매장의 특허에 관한 다음의 사항을 심의하기 위하여 관세청에 보세판매장 특허심사위원회를 둔다. ① 보세판매장 특허신청자의 평가 및 선정 ② 특허 갱신의 심사 ③ 그 밖에 보세판매장 운영에 관한 중요 사항
위원	위원장 1명을 포함하여 100명 이내의 위원으로 성별을 고려하여 구성한다.
위원장	위원장은 위원 중에서 호선한다.
위원 임기	위원의 임기는 1년으로 하되, 한 차례만 연임할 수 있다.
의결 방식	① 위원 과반수의 참석으로 개의하고, 회의에 참석한 위원 과반수의 찬성으로 의결한다. ② 보세판매장 특허신청장의 평가·선정 및 특허갱신에 관한 심의를 하는 경우에는 위원장을 제외하고 각 위원이 자신의 평가분야에 대하여 평가한 후 그 평가분야별 점수를 합산하여 가장 높은 점수를 받은 신청자를 특허를 부여받을 자로 결정한다.

7. 보세판매장 제도운영위원회

심의사항	① 보세판매장의 특허 수 등 보세판매장 제도의 중요 사항을 심의하기 위하여 기획재정부에 보세판매장 제도운영위원회를 둔다. ② 기획재정부장관은 보세판매장 제도운영위원회의 심의·의결을 거쳐 시내보세판매장의 신규 특허 수를 결정할 수 있다.
위원	위원장 1명을 포함하여 17명 이상 20명 이하의 위원으로 구성한다.
위원장	기획재정부차관 중 기획재정부장관이 지명하는 사람이 된다.

2 보세창고(법 제183조 ~ 제184조)

원칙적인 장치 대상	외국물품이나 통관을 하려는 물품을 장치한다.
내국물품 장치	운영인은 미리 세관장에게 신고를 하고 외국물품·통관물품의 장치에 방해되지 아니하는 범위에서 보세창고에 내국물품을 장치할 수 있다. 다만, 동일한 보세창고에 장치되어 있는 동안 수입신고가 수리된 물품은 신고 없이 계속하여 장치할 수 있다.
내국물품만 장치	운영인은 보세창고에 1년(수입신고가 수리되어 내국물품이 된 물품은 6개월) 이상 계속하여 내국물품만을 장치하려면 세관장의 승인을 받아야 한다.
내국물품의 반출	운영인이 미리 세관장에게 신고를 하고 보세창고에 장치한 내국물품으로서 장치기간이 지난 물품은 그 기간이 지난 후 10일 내에 운영인의 책임으로 반출하여야 한다.

3 보세공장(법 제185조 ~ 제189조)

1. 원재료

허용 원재료	외국물품을 원료 또는 재료로 하거나 외국물품과 내국물품을 원료 또는 재료로 하여 제조·가공하거나 그 밖에 이와 비슷한 작업을 할 수 있다.
금지 원재료	세관장의 허가를 받지 아니하고는 내국물품만을 원료로 하거나 재료로 하여 제조·가공하거나 그 밖에 이와 비슷한 작업을 할 수 없다(10일 이내 허가 여부를 통지하지 아니하면 그 기간이 끝난 날의 다음날에 허가를 한 것으로 본다).
보세공장 원재료	보세공장 원재료는 다음과 같다. 다만, 기계·기구 등의 작동 및 유지를 위한 연료, 윤활유 등 제품의 생산·수리·조립·검사·포장 및 이와 유사한 작업에 간접적으로 투입되어 소모되는 물품은 제외한다. ① 당해 보세공장에서 생산하는 제품에 물리적 또는 화학적으로 결합되는 물품 ② 당해 보세공장에서 생산하는 제품을 제조·가공하거나 이와 비슷한 공정에 투입되어 소모되는 물품 ③ 해당 보세공장에서 수리·조립·검사·포장 및 이와 유사한 작업에 직접적으로 투입되는 물품

2. 내수용 보세공장

업종 제한	보세공장 중 수입하는 물품을 제조·가공하는 것을 목적으로 하는 보세공장의 업종은 다음을 제외한 업종으로 한다. ① 국내외 가격차에 상당하는 율로 양허한 농·임·축산물을 원재료로 하는 물품을 제조·가공하는 업종 ② 국민보건 또는 환경보전에 지장을 초래하거나 풍속을 해하는 물품을 제조·가공하는 업종으로 세관장이 인정하는 업종
외국물품 반입 제한	관세청장은 국내공급상황을 고려하여 필요하다고 인정되는 때에는 내수용 보세공장에 대해서 외국물품의 반입을 제한할 수 있다.

3. 보세공장 절차

사용신고	운영인은 보세공장에 반입된 물품을 그 사용 전에 세관장에게 사용신고를 하여야 한다.
수입신고	세관장은 수입통관 후 보세공장에서 사용하게 될 물품에 대하여는 보세공장에 직접 반입하여 수입신고를 하게 할 수 있다.
보세공장 외 작업 허가	① 세관장은 가공무역이나 국내산업의 진흥을 위하여 필요한 경우에는 보세공장 외 작업을 허가할 수 있다(10일 이내 허가 여부를 통지하지 아니하면 그 기간이 끝난 날의 다음날에 허가를 한 것으로 본다). ② 허가 신청을 받은 세관장은 6개월의 범위에서 보세공장 외 작업을 허가할 수 있다. ③ 보세공장 외 작업허가를 받은 자는 허가받은 기간이 끝나는 날부터 5일 이내에 세관장에게 보세공장 외 작업완료 결과를 통보해야 한다. ④ 공장외 작업장에 반입된 외국물품은 지정된 기간이 만료될 때까지는 보세공장에 있는 것으로 본다. ⑤ 지정된 기간이 지난 경우 해당 물품의 허가를 받은 보세공장의 운영인으로부터 그 관세를 즉시 징수한다.

4. 제품과세와 원료과세

제품과세	일반적인 경우	외국물품이나 외국물품과 내국물품을 원료로 하거나 재료로 하여 작업을 하는 경우 그로써 생긴 물품은 외국으로부터 우리나라에 도착된 물품으로 본다.
	혼용승인을 받은 경우	세관장의 승인을 받고 외국물품과 내국물품을 혼용하는 경우에는 그로써 생긴 제품 중 해당 외국물품의 수량 또는 가격에 상응하는 것을 외국으로부터 우리나라에 도착한 물품으로 본다.
원료과세	과세물건 확정시기	보세공장에서 제조된 물품을 수입하는 경우 사용신고 전에 미리 세관장에게 해당 물품의 원료인 외국물품에 대한 과세의 적용을 신청한 경우에는 법 제16조(과세물건의 확정시기)에도 불구하고 사용신고를 할 때의 그 원료의 성질 및 수량에 따라 관세를 부과한다.
	원료과세 포괄신청	세관장은 다음에 해당하는 보세공장에 대하여는 1년의 범위에서 원료별, 제품별, 보세공장 전체에 대하여 원료과세 신청을 하게 할 수 있다. ① 최근 2년간 생산되어 판매된 물품 중 수출된 물품의 가격 비율이 100분의 50 이상일 것 ② 수출입 안전관리 우수업체로 공인된 업체가 운영할 것

4 보세전시장(법 제190조)

기능	보세전시장에서는 박람회·전람회·견본품 전시회 등의 운영을 위하여 외국물품을 장치·전시하거나 사용할 수 있다.
보세전시장 안에서의 사용 (영 제208조)	외국물품의 사용에는 다음의 행위가 포함되는 것으로 한다. ① 당해 외국물품의 성질 또는 형상에 변경을 가하는 행위 ② 당해 박람회의 주최자·출품자 및 관람자가 그 보세전시장안에서 소비하는 행위
보세전시장의 장치 제한 등 (영 제209조)	판매용 외국물품	수입신고가 수리되기 전에는 이를 사용하지 못한다.
	전시용 외국물품	현장에서 직매하는 경우 수입신고가 수리되기 전에는 이를 인도하여서는 안된다.

5 보세건설장(법 제191조 ~ 제195조)

기능	보세건설장에서는 산업시설의 건설에 사용되는 외국물품인 기계류 설비품이나 공사용 장비를 장치·사용하여 해당 건설공사를 할 수 있다. 사용전 수입신고 → 건설 → 건설공사 완료보고 → 수입신고 수리 → 가동 과세물건 확정 / 과세환율 기준 법령적용 수리전 가동금지 (위반시 부과고지)
사용전 수입신고	운영인은 보세건설장에 외국물품을 반입하였을 때에는 사용 전에 해당 물품에 대하여 수입신고를 하고 세관공무원의 검사를 받아야 한다. 다만, 세관공무원이 검사가 필요 없다고 인정하는 경우에는 검사를 하지 아니할 수 있다.
보세건설물품의 가동 제한	운영인은 보세건설장에서 건설된 시설을 수입신고가 수리되기 전에 가동하여서는 아니된다.
보세건설장 외 작업허가	세관장은 보세작업을 위하여 필요하다고 인정될 때에는 기간, 장소, 물품 등을 정하여 해당 보세건설장 외에서의 보세작업을 허가할 수 있다(보세공장 외 작업 허가 규정 준용).

6 보세판매장(법 제196조)

출국장 면세점	해당 물품을 외국으로 반출하는 조건으로 물품을 판매할 수 있다.
입국장 인도장	① 외국으로 반출하지 아니하더라도 외국에서 국내로 입국하는 자에게 물품을 인도하는 경우에는 해당 물품을 판매할 수 있다. ② 입국장 인도장을 설치·운영하려는 자는 관할 세관장의 승인을 받아야 한다. ③ 입국장 인도장에서 인도하는 것을 조건으로 보세판매장의 운영인이 판매할 수 있는 물품의 한도는 미화 800달러이다.
외교관 면세점	대사·공사·영사 등 외교관용 물품 등의 면세 규정에 따라 관세의 면제를 받을 수 있는 자가 해당 물품을 사용할 것을 조건으로 물품을 판매할 수 있다.
입국장 면세점	① 공항 및 항만 등의 입국경로에 설치된 보세판매장에서는 외국에서 국내로 입국하는 자에게 물품을 판매할 수 있다. ② 입국장 면세점의 운영인이 외국에서 국내로 입국하는 사람에게 물품(술·담배·향수 제외)을 판매하는 때에는 미화 800달러의 한도에서 판매해야 하며, 술·담배·향수는 별도면세범위에서 판매할 수 있다. ③ 입국장 면세점과 입국장 인도장이 동일한 입국경로에 함께 설치된 경우 입국장 면세점에서 판매하는 물품(술·담배·향수 제외)과 입국장 인도장에서 인도하는 것을 조건으로 판매하는 물품(술·담배·향수 제외)을 합하여 미화 800달러의 한도에서 판매해야 하며, 술·담배·향수는 별도면세범위에서 판매할 수 있다.

📋 시내보세판매장의 현장 인도 특례(법 제196조의2)

1. 시내보세판매장에서 외국으로 반출하는 조건으로 외국인에게 내국물품을 판매하고 이를 판매 현장에서 인도하는 경우에는 '구매자의 여권과 항공권 등 출국에 관한 예약내용을 확인할 수 있는 자료를 확인'하고 해당 물품을 인도할 수 있다.
2. 세관장은 판매 현장에서 인도된 물품의 외국 반출 여부를 확인하기 위하여 물품 구매자의 출입국관리기록 등을 관계 중앙행정기관의 장에게 요청할 수 있다. 이 경우 요청을 받은 관계 중앙행정기관의 장은 정당한 사유가 없으면 이에 따라야 한다.
3. 세관장은 물품 구매자의 출입국관리기록 등을 확인하여 인도를 제한할 수 있다. 세관장은 인도가 제한되는 사람의 명단을 시내보세판매장의 운영인에게 통보하여야 한다. 시내보세판매장의 운영인은 통보 받은 명단의 사람에게 물품을 판매할 때에는 해당 물품을 판매 현장에서 인도하여서는 아니되고, 관세청장이 정하는 바에 따라 인도하여야 한다.

IV. 종합보세구역

1 종합보세구역의 지정 등(법 제197조)

지정권자, 지정요청자	관세청장은 직권으로 또는 관계 중앙행정기관의 장이나 지방자치단체의 장, 그 밖에 종 합보세구역을 운영하려는 자(지정요청자)의 요청에 따라 무역진흥에의 기여 정도, 외국 물품의 반입·반출 물량 등을 고려하여 일정한 지역을 종합보세구역으로 지정할 수 있다.
지정 대상	① 「외국인투자촉진법」에 의한 외국인투자지역 ② 「산업입지 및 개발에 관한 법률」에 의한 산업단지 ③ 「유통산업발전법」에 의한 공동집배송센터 ④ 「물류시설의 개발 및 운영에 관한 법률」에 따른 물류단지 ⑤ 그 밖에 종합보세구역으로 지정됨으로써 외국인투자촉진·수출증대 또는 물류촉진 　등의 효과가 있을 것으로 예상되는 지역
종합보세기능	종합보세구역에서는 보세창고·보세공장·보세전시장·보세건설장 또는 보세판매장의 기능 중 둘 이상의 기능을 수행할 수 있다.
종합보세구역 예정지의 지정	① 관세청장은 지정요청자의 요청에 의하여 종합보세기능의 수행이 예정되는 지역을 　예정지역으로 지정할 수 있다. ② 예정지역의 지정기간은 3년 이내로 한다. 다만, 관세청장은 당해 예정지역에 대한 개 　발계획의 변경 등으로 인하여 지정기간의 연장이 불가피하다고 인정되는 때에는 3 　년의 범위내에서 연장할 수 있다. ③ 관세청장은 예정지역의 개발이 완료된후 지정요청자의 요청에 의하여 종합보세구 　역으로 지정할 수 있다.

2 종합보세사업장의 설치·운영 등(법 제198조, 제199조, 제200조)

설치·운영 신고	종합보세기능을 수행하려는 자는 그 기능을 정하여 세관장에게 종합보세사업장의 설치· 운영에 관한 신고를 하여야 한다. 다만, 운영인의 결격 사유에 해당하는 자는 설치·운 영에 관한 신고를 할 수 없다.
기능변경 신고	운영인은 종합보세기능을 변경하려면 세관장에게 이를 신고하여야 한다.
반입·반출 신고	① 종합보세구역에 물품을 반입하거나 반출하려는 자는 대통령령으로 정하는 바에 따 　라 세관장에게 신고하여야 한다. ② 종합보세구역에 반입·반출되는 물품이 내국물품인 경우에는 설치·운영 신고를 생 　략하거나 간소한 방법으로 반입·반출하게 할 수 있다.
반출입물품의 범위	종합보세구역에서 소비하거나 사용되는 물품으로서 기획재정부령으로 정하는 물품은 수입통관 후 이를 소비하거나 사용하여야 한다.
장치기간	종합보세구역에 반입한 물품의 장치기간은 제한하지 아니한다. 다만, 보세창고의 기능 을 수행하는 장소 중에서 관세청장이 수출입물품의 원활한 유통을 촉진하기 위하여 필 요하다고 인정하여 지정한 장소에 반입되는 물품의 장치기간은 1년의 범위에서 관세청 장이 정하는 기간으로 한다.

3 운영인의 물품관리(법 제201조)

구분 관리	운영인은 종합보세구역에 반입된 물품을 종합보세기능별로 구분하여 관리하여야 한다.
매각 요청	운영인은 종합보세구역에 장치된 물품 중 반입한 날부터 6개월 이상의 범위에서 관세청장이 정하는 기간이 지난 외국물품이 다음 각 호의 어느 하나에 해당하는 경우에는 관세청장이 정하여 고시하는 바에 따라 세관장에게 그 외국물품의 매각을 요청할 수 있다. ① 화주가 분명하지 아니한 경우 ② 화주가 부도 또는 파산한 경우 ③ 화주의 주소·거소 등 그 소재를 알 수 없는 경우 ④ 화주가 수취를 거절하는 경우 ⑤ 화주가 거절의 의사표시 없이 수취하지 아니한 경우

4 종합보세구역 지정의 취소 등(법 제204조)

지정취소	관세청장	① 반입·반출되는 물량이 감소하는 경우 ② 종합보세구역의 지정요청자가 지정취소를 요청한 경우 ③ 종합보세구역의 지정요건이 소멸한 경우
종합보세기능 수행 중지 (6개월 범위 내)	세관장	① 운영인이 설비 유지의무를 위반한 경우 ② 운영인이 수행하는 종합보세기능과 관련하여 반입·반출되는 물량이 감소하는 경우 ③ 1년 동안 계속하여 외국물품의 반입·반출실적이 없는 경우
종합보세사업장 폐쇄 명령	세관장	① 거짓이나 그 밖의 부정한 방법으로 종합보세사업장의 설치·운영에 관한 신고를 한 경우 ② '운영인의 결격사유'의 어느 하나에 해당하게 된 경우. 다만, '피, 파'를 임원으로 하는 법인이 3개월 이내에 해당 임원을 변경한 경우에는 그러하지 아니하다. ③ 다른 사람에게 자신의 성명·상호를 사용하여 종합보세사업장을 운영하게 한 경우

Ⅴ. 유치 및 예치

1 유치 · 예치의 대상(법 제206조)

유치 · 예치 대상	① 여행자의 휴대품 ② 우리나라와 외국간을 왕래하는 운송수단에 종사하는 승무원의 휴대품
유치 사유	① 통관에 필요한 허가 · 승인 · 표시 또는 그 밖의 조건이 갖추어지지 아니한 경우 ② 관세의 면제 기준을 초과하여 반입하는 휴대품에 대한 관세를 납부하지 아니한 경우 ③ 지식재산권 등을 침해하는 물품을 수출하거나 수입하는 등 이 법에 따른 의무사항을 위반한 경우 ④ 불법 · 불량 · 유해물품 등 사회안전 또는 국민보건을 해칠 우려가 있는 물품으로서 대통령령으로 정하는 경우 　┌───┐ 　│ ㉠ 해당 물품에 대해 식품의약품안전처장 등 관계 기관의 장으로부터 부적합 통 │ 　│ 　　보 또는 통관 제한 요청을 받은 경우 │ 　│ ㉡ 성분 또는 규격 등이 불명확한 물품으로서 식품의약품안전처 등 관계 기관의 │ 　│ 　　확인 또는 물품분석이 필요한 경우 │ 　│ ㉢ 그 밖에 유해 성분이 포함된 식품 · 의약품 등 세관장이 사회안전 또는 국민보 │ 　│ 　　건을 위해 유치가 필요하다고 인정하는 경우 │ 　└───┘ ⑤ 「국세징수법」 또는 「지방세징수법」에 따라 세관장에게 강제징수 또는 체납처분이 위탁된 해당 체납자가 물품을 수입하는 경우
예치 사유	수입할 의사가 없는 물품은 세관장에게 신고하여 일시 예치시킬 수 있다. 다만, 부패 · 변질 또는 손상의 우려가 있는 물품 등 관세청장이 정하는 물품은 그러하지 아니하다.

2 유치의 해제 등(법 제206조)

유치 해제	① 해당 사유가 해소된 경우 ② 반송하는 경우
유치 · 예치품 보관 장소	세관장이 관리하는 장소
매각 통고	세관장은 유치기간 또는 예치기간 내에 수출 · 수입 또는 반송하지 아니하면 매각한다는 뜻을 통고할 수 있다.

Ⅵ. 장치기간경과 물품의 매각

1 보세구역별 장치기간

보세구역 종류	장치기간		
세관검사장	–		
지정장치장	6개월의 범위에서 관세청장 지정(3개월 범위에서 세관장 연장 가능)		
보세창고	비축물품이 아닌 외국물품·내국물품		1년의 범위에서 관세청장 지정 (1년 범위에서 세관장 연장 가능)
	① 비축물품 ② 국제물류촉진을 위한 관세청장 지정물품		비축에 필요한 기간
그 밖의 특허보세구역	해당 특허보세구역의 특허기간		
종합보세구역	제한하지 않음(단, 보세창고기능 수행장소 중 관세청장이 지정한 장소 반입물품에 대해서는 1년의 범위에서 관세청장이 지정)		

2 매각 절차(법 제208조, 제209조, 제212조)

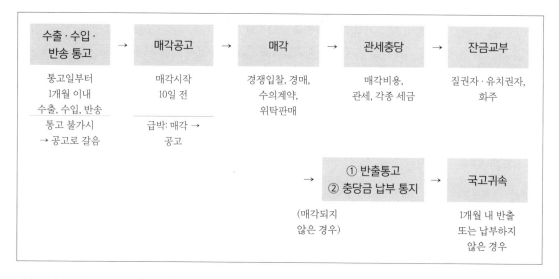

📖 **긴급매각(장치기간이 지나기 전이라도 공고한 후 매각할 수 있는 물품)**

1. 살아 있는 동식물
2. 부패하거나 부패할 우려가 있는 것
3. 창고나 다른 외국물품에 해를 끼칠 우려가 있는 것
4. 기간이 지나면 사용할 수 없게 되거나 상품가치가 현저히 떨어질 우려가 있는 것
5. 관세청장이 정하는 물품 중 화주가 요청하는 것
6. 강제징수·체납처분을 위하여 세관장이 압류한 수입물품(외국물품으로 한정한다)

3 매각방법(법 제210조)

경쟁입찰 (일반경쟁입찰, 지명경쟁입찰)	① 경쟁입찰의 방법으로 매각하려는 경우 매각되지 아니하였을 때에는 5일 이상의 간격을 두어 다시 입찰에 부칠 수 있으며 그 예정가격은 최초 예정가격의 100분의 10 이내의 금액을 입찰에 부칠 때마다 줄일 수 있다. 이 경우에 줄어들 예정가격 이상의 금액을 제시하는 응찰자가 있을 때에는 대통령령으로 정하는 바에 따라 그 응찰자가 제시하는 금액으로 수의계약을 할 수 있다. ② 예정가격의 체감은 제2회 경쟁입찰 때부터 하되, 그 체감한도액은 최초예정가격의 100분의 50으로 한다. 다만, 관세청장이 정하는 물품을 제외하고는 최초예정가격을 기초로 하여 산출한 세액이하의 금액으로 체감할 수 없다. ③ 응찰가격 중 다음 회의 입찰에 체감될 예정가격보다 높은 것이 있는 때에는 응찰가격의 순위에 따라 수의계약을 체결한다. 수의계약을 할 수 있는 자로서 그 체결에 응하지 아니하는 자는 당해 물품에 대한 다음 회 이후의 경쟁입찰에 참가할 수 없다.
경매, 수의계약 (사유)	① 2회 이상 경쟁입찰에 부쳐도 매각되지 아니한 경우 ② 부패·손상·변질 등의 우려가 현저한 물품으로서 즉시 매각하지 아니하면 상품가치가 저하할 우려가 있는 경우 ③ 물품의 매각예정가격이 50만원 미만인 경우 ④ 경쟁입찰의 방법으로 매각하는 것이 공익에 반하는 경우
위탁판매 (물품)	① 경매나 수의계약으로도 매각되지 아니한 물품 ② 부패하거나 부패의 우려가 있는 물품 ③ 기간경과로 사용할 수 없게 되거나 상품가치가 현저히 감소할 우려가 있는 물품 ④ 공매하는 경우 매각의 효율성이 저하되거나 공매에 전문지식이 필요하여 직접 공매하기에 부적합한 물품

📋 매각물품의 과세요건

과세물건 확정시기	해당 물품이 매각된 때
납세의무자	(수입 의제 대상이므로 별도의 납세의무자 규정이 없음)
과세가격	최초예정가격을 기초로 하여 산출
관세율	매각된 날에 시행되는 법령에 따라 관세율 적용

4 잔금처리(법 제211조)

매각대금 충당 순위	① 세관장은 매각대금을 그 매각비용, 관세, 각종 세금의 순으로 충당하고, 잔금이 있을 때에는 이를 화주에게 교부한다. ② 세관장은 매각된 물품의 질권자나 유치권자가 있을 때에는 그 잔금을 화주에게 교부하기 전에 질권자나 유치권자에게 교부한다.
권리증명, 배분	① 매각하는 물품의 질권자나 유치권자는 해당 물품을 매각한 날부터 1개월 이내에 그 권리를 증명하는 서류를 세관장에게 제출하여야 한다. ② 질권자나 유치권자에게 공매대금의 잔금을 교부하는 경우 그 잔금액이 질권이나 유치권에 의하여 담보된 채권액보다 적고 교부받을 권리자가 2인 이상인 경우에는 세관장은 「민법」이나 그 밖의 법령에 따라 배분할 순위와 금액을 정하여 배분하여야 한다.

5 국고귀속(법 제212조)

미반출 물품의 국고귀속	① 세관장은 매각되지 아니한 물품(세관장이 압류한 수입물품은 제외)에 대하여는 그 물품의 화주등에게 장치 장소로부터 지체 없이 반출할 것을 통고하여야 한다. ② 반출 통고일부터 1개월 내에 해당 물품이 반출되지 아니하는 경우에는 소유권을 포기한 것으로 보고 이를 국고에 귀속시킬 수 있다.
충당금 미납물품의 국고귀속	① 세관장은 매각되지 아니한 경우에는 납세의무자에게 1개월 이내에 유찰물품의 가격에 상당한 금액을 관세 및 체납액(관세·국세·지방세의 체납액) 충당금으로 납부하도록 통지하여야 한다. ② 납부 통지를 받은 납세의무자가 그 기한 내에 관세 및 체납액 충당금을 납부하지 아니한 경우에는 유찰물품의 소유권을 포기한 것으로 보고 이를 국고에 귀속시킬 수 있다.

📋 매각대행

매각대행 사유	① 신속한 매각을 위하여 사이버몰 등에서 전자문서를 통하여 매각하려는 경우 ② 매각에 전문지식이 필요한 경우 ③ 그 밖에 특수한 사정이 있어 직접 매각하기에 적당하지 아니하다고 인정되는 경우
매각대행 기관	① 한국자산관리공사 ② 한국보훈복지의료공단 ③ 관세청장이 정하는 기준에 따라 전자문서를 통한 매각을 수행할 수 있는 시설 및 시스템 등을 갖춘 것으로 인정되는 법인 또는 단체

제8장 운송

제1절 보세운송

1 보세운송의 신고·승인(법 제213조, 제214조)

보세운송 장소	통관우체국, 통관역, 통관장, 보세구역외 장치허가를 받은 장소, 국제항, 보세구역, 세관관서
보세운송 신고·승인	보세운송을 하려는 자는 관세청장이 정하는 바에 따라 세관장에게 보세운송의 신고를 하여야 한다. 다만, 물품의 감시 등을 위하여 필요하다고 인정하여 대통령령으로 정하는 경우에는 세관장의 승인을 받아야 한다.
보세운송 승인 대상	① 재보세운송하고자 하는 물품 ② 검역을 요하는 물품 ③ 위험물 ④ 유해화학물질 ⑤ 비금속설 ⑥ 최초로 보세구역에 반입된 날부터 30일이 경과한 물품 ⑦ 통관이 보류되거나 수입신고수리가 불가능한 물품 ⑧ 보세구역 외 장치허가를 받은 장소로 운송하는 물품 ⑨ 부피가 작고 고가인 물품 ⑩ (화주, 화물에 대한 권리를 가진 자) 직접 보세운송하는 물품 ⑪ 통관지가 제한되는 물품 ⑫ 적재화물목록상 동일한 화주의 선하증권 단위의 물품을 분할하여 보세운송하는 경우 그 물품 ⑬ 불법 수출입의 방지 등을 위하여 세관장이 지정한 물품 ⑭ 법 및 법에 의한 세관장의 명령을 위반하여 관세범으로 조사를 받고 있거나 기소되어 확정판결을 기다리고 있는 보세운송업자등이 운송하는 물품
신고인, 승인신청인	① 화주 ② 관세사 등(관세사, 관세법인, 통관취급법인) ③ 보세운송업자(보세운송을 업으로 하는 자)

📋 **수출신고수리물품**
1. 수출신고가 수리된 물품은 해당 물품이 장치된 장소에서 보세운송 장소(우, 역, 장, 외, 항, 보, 세)로 운송할 수 있다.
2. 수출신고가 수리된 물품은 관세청장이 따로 정하는 것을 제외하고는 보세운송절차를 생략한다.

2 보세운송 절차(법 제215조 ~ 제218조, 제220조)

보세운송의 담보	보세운송의 신고를 하거나 승인을 받으려는 물품에 대하여 관세의 담보를 제공하게 할 수 있다.
감시·단속을 위하여 필요하다고 인정될 때	① 관세청장이 정하는 바에 따라 보세운송을 하려는 물품을 검사할 수 있다. ② 관세청장이 정하는 바에 따라 운송통로를 제한할 수 있다.
보세운송 보고	해당 물품이 운송 목적지에 도착하였을 때에는 관세청장이 정하는 바에 따라 도착지의 세관장에게 보고하여야 한다.
관세징수	보세운송하는 외국물품이 지정된 기간에 목적지에 도착하지 아니한 경우에는 즉시 그 관세를 징수한다. 다만, 해당 물품이 재해나 그 밖의 부득이한 사유로 인하여 망실되었거나 미리 세관장의 승인을 받아 폐기하였을 때에는 그러하지 아니하다.
간이보세운송	① 보세운송 신고절차의 간소화 ② 물품 검사의 생략 ③ 담보 제공의 면제

제2절 조난물품 운송과 내국운송

조난물품의 운송 (법 제219조)	① 재해나 그 밖의 부득이한 사유로 선박 또는 항공기로부터 내려진 외국물품은 그 물품이 있는 장소로부터 '보세운송 장소'로 운송될 수 있다. ② 조난물품을 운송하려는 자는 세관장의 승인을 받아야 한다. 다만, 긴급한 경우에는 세관공무원이나 경찰공무원(세관공무원이 없는 경우)에게 신고하여야 한다. ③ 신고를 받은 경찰공무원은 지체 없이 그 내용을 세관공무원에게 통보하여야 한다.
내국운송 (법 제221조)	① 내국물품을 국제무역선이나 국제무역기로 운송하려는 자는 대통령령으로 정하는 바에 따라 세관장에게 내국운송의 신고를 하여야 한다. ② 내국운송의 신고를 하려는 내국물품은 보세구역이 아닌 장소에 장치할 수 없다.

제3절 보세운송업자 등

1 보세운송업자 등의 등록(법 제222조 ~ 제223조의2)

관세청장이나 세관장에게 등록하여야 하는 자	① 보세운송업자 ② 보세화물을 취급하려는 자로서 다른 법령에 따라 화물운송의 주선을 업으로 하는 자 (화물운송주선업자) ③ 국제무역선·국제무역기 또는 국경출입차량에 물품을 하역하는 것을 업으로 하는 자 ④ 국제무역선·국제무역기 또는 국경출입차량에 '선박용품, 항공기용품, 차량용품, 선박·항공기 또는 철도차량 안에서 판매할 물품, 용역'을 공급하는 것을 업으로 하는 자 ⑤ 국제항 안에 있는 보세구역에서 물품이나 용역을 제공하는 것을 업으로 하는 자 ⑥ 국제무역선·국제무역기 또는 국경출입차량을 이용하여 상업서류나 그 밖의 견본품 등을 송달하는 것을 업으로 하는 자 ⑦ 통신판매업자로 신고한 자로서 직전 연도 구매대행한 수입물품의 총 물품가격이 10억원 이상인 구매대행업자(2026.1.1. 삭제 예정)
등록의 유효기간	등록의 유효기간은 3년으로 하며, 갱신할 수 있다. 다만, 관세청장이나 세관장은 안전관리 기준의 준수 정도 측정·평가 결과가 우수한 자가 등록을 갱신하는 경우에는 유효기간을 2년의 범위에서 연장하여 정할 수 있다.
등록 요건	① '운영인의 결격사유'에 해당하지 아니할 것 ② 「항만운송사업법」 등 관련 법령에 따른 면허·허가·지정 등을 받거나 등록을 하였을 것 ③ 관세 및 국세의 체납이 없을 것 ④ 보세운송업자등의 등록이 취소('미, 피, 파'에 해당하여 등록이 취소된 경우는 제외한다)된 후 2년이 지났을 것

2 보세화물 취급 선박회사 등의 신고 및 보고(법 제225조)

신고 의무	보세화물을 취급하는 선박회사 또는 항공사(업무 대행하는 자 포함)는 세관장에게 신고하여야 한다.
업무 보고	세관장은 통관의 신속을 도모하고 보세화물의 관리절차를 간소화하기 위하여 필요하다고 인정할 때에는 선박회사 또는 항공사로 하여금 해당 업무에 관하여 보고하게 할 수 있다.

제9장 통관

제1절 통칙

Ⅰ. 통관 요건

허가·승인 등의 증명	수출입을 할 때 법령에서 정하는 바에 따라 허가·승인·표시 또는 그 밖의 조건을 갖출 필요가 있는 물품은 세관장에게 그 허가·승인·표시 또는 그 밖의 조건을 갖춘 것임을 증명하여야 한다.
의무이행의 요구	세관장은 다른 법령에 따라 수입 후 특정한 용도로 사용하여야 하는 등의 의무가 부가되어 있는 물품에 대해서는 문서로써 해당 의무를 이행할 것을 요구할 수 있다.
관세보전을 위한 통관표지의 첨부	① 관세의 감면 또는 용도세율의 적용을 받은 물품 ② 관세의 분할납부를 승인받은 물품 ③ 부정수입물품과 구별하기 위하여 관세청장이 지정하는 물품

Ⅱ. 원산지의 확인

1 원산지 확인기준(법 제229조)

1. 완전생산 기준

원산지는 원칙적으로 해당 물품의 전부를 생산·가공·제조한 나라로 한다. 여기에서 '전부를 생산·가공·제조'하였다는 것은 다음의 물품에 해당하는 것을 말한다.

> ① 해당 국가의 영역에서 생산된 광산물과 식물성 생산물
> ② 해당 국가의 영역에서 번식 또는 사육된 산 동물과 이들로부터 채취한 물품
> ③ 해당 국가의 영역에서의 수렵 또는 어로로 채집 또는 포획한 물품
> ④ 해당 국가의 선박에 의하여 채집 또는 포획한 어획물 기타의 물품
> ⑤ 해당 국가에서의 제조·가공의 공정 중에 발생한 부스러기
> ⑥ 해당 국가 또는 그 선박에서 ① ~ ⑤의 물품을 원재료로 제조·가공한 물품

2. 실질적 변형 기준

세번변경기준	물품이 2개국 이상에 걸쳐 생산·가공·제조된 경우, 원산지는 물품의 본질적 특성을 부여하기에 충분한 정도의 실질적인 생산·가공·제조 과정이 최종적으로 수행된 나라(6단위 품목번호 변경을 최종적으로 수행한 나라)로 한다. 다만, 다음의 작업이 수행된 국가는 원산지로 인정하지 않는다. ① 운송 또는 보세구역장치 중에 있는 물품의 보존을 위하여 필요한 작업 ② 판매를 위한 물품의 포장개선·상표표시 등 상품성 향상을 위한 개수작업 ③ 단순한 선별·구분·절단 또는 세척작업 ④ 재포장 또는 단순한 조립작업 ⑤ 물품의 특성이 변하지 아니하는 범위에서의 원산지가 다른 물품과 혼합작업 ⑥ 가축의 도축작업
주요공정기준, 부가가치기준	관세청장은 6단위 품목번호의 변경만으로 본질적 특성을 부여하기에 충분한 정도의 실질적인 생산과정을 거친 것으로 인정하기 곤란한 품목에 대해서는 주요공정·부가가치 등을 고려하여 품목별로 원산지기준을 따로 정할 수 있다.

3. 직접운송원칙

직접 운송 원칙	해당 물품이 원산지가 아닌 국가를 경유하지 아니하고 직접 우리나라에 운송·반입된 물품인 경우에만 그 원산지로 인정한다.
우리나라에 직접 반입한 것으로 보는 경우	① 다음 각 목의 요건을 모두 충족하는 물품일 것 ㉠ 지리적 또는 운송상의 이유로 단순 경유한 것 ㉡ 원산지가 아닌 국가에서 관세당국의 통제하에 보세구역에 장치된 것 ㉢ 원산지가 아닌 국가에서 하역, 재선적 또는 그 밖에 정상 상태를 유지하기 위하여 요구되는 작업 외의 추가적인 작업을 하지 아니한 것 ② 박람회·전시회 및 그 밖에 이에 준하는 행사에 전시하기 위하여 원산지가 아닌 국가로 수출되어 해당 국가 관세당국의 통제하에 전시목적에 사용된 후 우리나라로 수출된 물품일 것

4. 특수물품의 원산지결정기준

① 촬영된 영화용 필름	영화 제작자가 속하는 나라
② 기계·기구·장치 또는 차량에 사용되는 부속품·예비부분품 및 공구	해당 기계·기구 또는 차량의 원산지(다만 기계 등과 함께 수입되어 동시에 판매되고 그 종류·수량으로 보아 통상부속품·예비부분·공구라고 인정되어야 한다)
③ 포장용품	내용물품의 원산지(다만 품목분류표상 포장용품과 내용품을 각각 별개로 구분하여 품목번호로 하고 있는 경우에는 그러하지 아니하다)

2 원산지 허위표시 물품 등의 통관 제한(법 제230조 ~ 제231조)

원산지 허위표시물품 등의 통관 제한	세관장은 다음의 허위 표시 물품에 해당하는 경우에는 해당 물품의 통관을 허용하여서는 아니 된다. 다만, 그 위반사항이 경미한 경우에는 이를 보완·정정하도록 한 후 통관을 허용할 수 있다. ① 원산지 표시가 법령에서 정하는 기준과 방법에 부합되지 아니하게 표시된 경우 ② 원산지 표시가 부정한 방법으로 사실과 다르게 표시된 경우 ③ 원산지 표시가 되어 있지 아니한 경우
품질등 허위·오인 표시물품의 통관 제한	세관장은 물품의 품질 등을 사실과 다르게 표시한 물품 또는 품질등을 오인(誤認)할 수 있도록 표시하거나 오인할 수 있는 표지를 붙인 물품으로서 품질등의 표시에 관한 법령을 위반한 물품에 대하여는 통관을 허용하여서는 아니 된다.
환적물품 등에 대한 유치 등	① 세관장은 일시적으로 육지에 내려지거나 다른 운송수단으로 환적 또는 복합환적되는 외국물품 중 원산지를 우리나라로 허위 표시한 물품은 유치할 수 있다. ② 유치하는 외국물품은 세관장이 관리하는 장소에 보관하여야 한다. 다만, 세관장이 필요하다고 인정할 때에는 그러하지 아니하다. ③ 세관장은 명령이 이행된 경우에는 물품의 유치를 즉시 해제하여야 한다. ④ 세관장은 명령이 이행되지 아니한 경우에는 이를 매각할 수 있다.

3 원산지 증명서(법 제232조)

1. 원산지증명서의 제출(영 제236조)

제출 시기	① 해당 물품의 수입신고 시에 세관장에게 제출하여야 한다. ② '낮은 세율을 적용받기 위해' 원산지증명서를 제출하려는 자로서 수입신고 전에 원산지증명서를 발급받았으나 분실 등의 사유로 수입신고 시에 원산지증명서를 제출하지 못한 경우에는 원산지증명서 유효기간 내에 해당 원산지증명서 또는 그 부본을 제출할 수 있다.
제출 대상	① 법·조약·협정 등에 의하여 다른 국가의 생산(가공 포함)물품에 적용되는 세율보다 낮은 세율을 적용받고자 하는 자로서 원산지확인이 필요하다고 관세청장이 정하는 자 ② 관세율의 적용 기타의 사유로 인하여 원산지확인이 필요하다고 관세청장이 지정한 물품을 수입하는 자
제출 면제 대상	① 세관장이 물품의 종류·성질·형상 또는 그 상표·생산국명·제조자 등에 의하여 원산지를 확인할 수 있는 물품 ② 우편물(신고대상 우편물을 제외한다) ③ 과세가격(종량세의 경우에는 이를 법 제15조의 규정에 준하여 산출한 가격을 말한다)이 15만원 이하인 물품 ④ 개인에게 무상으로 송부된 탁송품·별송품 또는 여행자의 휴대품 ⑤ 기타 관세청장이 관계행정기관의 장과 협의하여 정하는 물품

2. 원산지증명서의 요건(영 제236조)

발급방식	기관발급	원산지국가의 세관 기타 발급권한이 있는 기관 또는 상공회의소가 당해 물품에 대하여 원산지국가(지역을 포함한다)를 확인 또는 발행한 것
	자율발급	관세청장이 정한 물품의 경우에는 당해 물품의 상업송장 또는 관련서류에 생산자·공급자·수출자 또는 권한있는 자가 원산지국가를 기재한 것
연결 원산지증명서		원산지국가에서 바로 수입되지 아니하고 제3국을 경유하여 수입된 물품에 대하여 그 제3국의 세관 기타 발급권한이 있는 기관 또는 상공회의소가 확인 또는 발행한 경우에는 원산지국가에서 당해 물품에 대하여 발행된 원산지증명서를 기초로 하여 원산지국가(지역 포함)를 확인 또는 발행한 것
유효기간		원산지증명서에는 해당 수입물품의 품명, 수량, 생산지, 수출자 등 관세청장이 정하는 사항이 적혀 있어야 하며, 제출일부터 소급하여 1년 이내에 발행된 것이어야 한다.

3. 원산지증명서 등 미제출시의 조치(법 제232조)

원산지증명서를 제출하지 아니하는 경우	일반특혜관세·국제협력관세 또는 편익관세를 배제하는 등 관세의 편익을 적용하지 아니할 수 있다.
원산지증명서 확인자료를 제출하지 아니할 때	세관장은 수입신고시 제출받은 원산지증명서의 내용을 인정하지 아니할 수 있다.

4 원산지 등에 대한 사전확인(영 제236조의2 ~ 제236조의3)

원산지 사전확인	원산지확인이 필요한 물품을 수입하는 자는 관세청장에게 원산지 확인기준의 충족 여부 등에 대하여 수입신고를 하기 전에 미리 확인·심사하여 줄 것을 신청할 수 있다.
사전확인서	① 관세청장은 60일 이내에 사전확인서를 신청인에게 교부하여야 한다. ② 세관장은 수입신고된 물품 및 원산지증명서의 내용이 사전확인서상의 내용과 동일하다고 인정될 때에는 사전확인서의 내용에 따라 관세의 경감 등을 적용하여야 한다.
이의제기	① 사전확인의 결과를 통보받은 자는 그 통지내용에 이의를 제기하려는 경우 그 결과를 통지받은 날부터 30일 이내에 관세청장에게 신청서를 제출하여야 한다. ② 관세청장은 이의제기를 받은 때에는 이를 심사하여 30일 이내에 그 결정 내용을 신청인에게 알려야 한다. ③ 관세청장은 이의제기의 내용이나 절차가 적합하지 아니하거나 보정할 수 있다고 인정되는 때에는 20일 이내의 기간을 정하여 보정하여 줄 것을 요구할 수 있다.
사전확인서 내용의 변경	① 관세청장은 사전확인서의 근거가 되는 사실관계 또는 상황이 변경된 경우에는 사전확인서의 내용을 변경할 수 있다. ② 사전확인서의 내용을 변경한 경우에는 그 변경일후에 수입신고되는 물품에 대하여 변경된 내용을 적용한다. 다만, 사전확인서의 내용변경이 자료제출누락 또는 허위자료제출 등 신청인의 귀책사유로 인한 때에는 당해 사전확인과 관련하여 그 변경일전에 수입신고된 물품에 대하여도 소급하여 변경된 내용을 적용한다.

5 수출물품에 대한 원산지증명서의 발급(법 제232조의2 ~ 제233조)

원산지증명서의 발급	관세를 양허받을 수 있는 물품의 수출자가 원산지증명서의 발급을 요청하는 경우에는 세관장이나 그 밖에 원산지증명서를 발급할 권한이 있는 기관은 원산지증명서를 발급 하여야 한다.
원사지증명서 확인자료의 제출	세관장은 발급된 원산지증명서의 내용을 확인하기 위하여 필요하다고 인정되는 경우에 는 다음의 자로 하여금 원산지증명서확인자료를 제출하게 할 수 있다. 이 경우 자료의 제출기간은 20일 이상으로서 기획재정부령으로 정하는 기간(요구받은 날부터 30일) 이 내로 한다. ① 원산지증명서를 발급받은 자 ② 원산지증명서를 발급한 자 ③ 해당 물품의 생산자 또는 수출자
원산지 조사	㉠ 세관장은 원산지증명서가 발급된 물품을 수입하는 국가의 권한 있는 기관으로부터 원산지증명서 및 원산지증명서확인자료의 진위 여부, 정확성 등의 확인을 요청받은 경우 등 필요하다고 인정되는 경우에는 위 ① ~ ③의 자를 대상으로 서면조사(원칙) 또는 현지조사를 할 수 있다. ㉡ 세관장은 조사대상자에게 조사 시작 7일 전까지 서면으로 통지하여야 한다. ㉢ 조사결과에 대하여 이의가 있는 조사대상자는 조사결과를 통지받은 날부터 30일 이 내에 세관장에게 이의제기 신청서를 제출할 수 있다(심사: 30일, 보정: 20일).

6 원산지증명서 등의 확인요청(법 제233조)

원산지증명서 등 확인요청	세관장은 원산지증명서를 발급한 국가의 세관이나 그 밖에 발급권한이 있는 기관(외국 세관등)에 원산지증명서 및 원산지증명서확인자료의 진위 여부, 정확성 등의 확인을 요 청할 수 있다. 이 경우 세관장의 확인요청은 해당 물품의 수입신고가 수리된 이후에 하 여야 하며, 세관장은 확인을 요청한 사실 및 회신 내용과 그에 따른 결정 내용을 수입자 에게 통보하여야 한다.
관세 편익 적용 배제	세관장이 확인을 요청한 사항에 대하여 조약 또는 협정에서 다르게 규정한 경우를 제외 하고 다음 각 호의 어느 하나에 해당하는 경우에는 일반특혜관세 · 국제협력관세 또는 편익관세를 적용하지 아니할 수 있다. 이 경우 세관장은 납부하여야 할 세액 또는 납부 하여야 할 세액과 납부한 세액의 차액을 부과 · 징수하여야 한다. ① 외국세관등이 기획재정부령으로 정한 기간 이내에 그 결과를 회신하지 아니한 경우 ② 세관장에게 신고한 원산지가 실제 원산지와 다른 것으로 확인된 경우 ③ 외국세관등의 회신내용에 원산지증명서 및 원산지증명서확인자료를 확인하는 데 필요한 정보가 포함되지 아니한 경우

7 원산지표시위반단속기관협의회(법 제233조의3)

설치 위치		원산지표시 위반 단속업무에 필요한 정보교류 등 대통령령으로 정하는 사항을 협의하기 위하여 관세청에 원산지표시위반단속기관협의회를 둔다.
위원 구성	위원장	원산지표시 위반 단속업무를 관장하는 관세청의 고위공무원단에 속하는 공무원 중에서 관세청장이 지정하는 사람
	위원 (위원장 1인 포함 25명 이내)	① 관세청장이 지정하는 과장급 공무원 1명 ② 농림축산식품부장관이 지정하는 국립농산물품질관리원 소속 과장급 공무원 1명 ③ 해양수산부장관이 지정하는 국립수산물품질관리원 소속 과장급 공무원 1명 ④ 특별시, 광역시, 특별자치시, 도, 특별자치도의 장이 지정하는 과장급 공무원 각 1명
의결방식		재적위원 과반수의 출석으로 개의하고, 출석위원 3분의 2 이상의 찬성으로 의결한다.

Ⅲ. 통관의 제한

1 수출입 금지 품목(법 제234조, 제234조의2)

수출입의 금지	① 헌법질서를 문란하게 하거나 공공의 안녕질서 또는 풍속을 해치는 서적·간행물·도화, 영화·음반·비디오물·조각물 또는 그 밖에 이에 준하는 물품 ② 정부의 기밀을 누설하거나 첩보활동에 사용되는 물품 ③ 화폐·채권이나 그 밖의 유가증권의 위조품·변조품 또는 모조품
마약류 등의 수출입 제한	마약류, 원료물질, 임시마약류는 허가 또는 승인받은 경우를 제외하고 수출하거나 수입할 수 없다.

2 지식재산권 등의 보호(법 제235조)

1. 보호대상 지식재산권 등

침해한 경우, 수출하거나 수입할 수 없는 지식재산권 등	① 「상표법」에 따라 설정등록된 상표권 ② 「저작권법」에 따른 저작권과 저작인접권 ③ 「식물신품종 보호법」에 따라 설정등록된 품종보호권 ④ 「농수산물품질관리법」에 따라 등록되거나 조약·협정 등에 따라 보호대상으로 지정된 지리적표시권 또는 지리적표시 ⑤ 「특허법」에 따라 설정등록된 특허권 ⑥ 「디자인보호법」에 따라 설정등록된 디자인권 ⑦ 「방위산업기술 보호법」에 따른 방위산업기술
적용의 배제	상업적 목적이 아닌 개인용도에 사용하기 위한 여행자휴대품으로서 소량으로 수출입되는 물품에 대하여는 위 규정을 적용하지 아니한다.

지식재산권 등 신고	관세청장은 지식재산권 등을 침해하는 물품을 효율적으로 단속하기 위하여 해당 지식재산권 등을 관계 법령에 따라 등록 또는 설정등록한 자 등으로 하여금 해당 지식재산권 등에 관한 사항을 신고하게 할 수 있다.

2. 통관의 보류 및 유치 요청

담보의 제공		지식재산권 등을 보호받으려는 자는 세관장에게 담보(손해배상에 사용하기 위함)를 제공하고 해당 물품의 통관 보류나 유치를 요청할 수 있다.
통관보류 기간	제소사실 입증	통관보류 등을 요청한 자가 보류 등 사실을 통보받은 후 10일(공휴일 등 제외) 이내에 법원에의 제소사실 또는 무역위원회에의 조사신청사실을 입증하는 경우 통관보류 등을 계속할 수 있다(부득이한 경우 입증기간은 10일 연장 가능).
	임시보호 조치	① 법원에서 임시보호조치 기간을 명시한 경우: 그 마지막 날 ② 법원에서 임시보호조치 기간을 명시하지 않은 경우: 가보호조치 개시일부터 31일
직권 통관보류		세관장은 수출입신고된 물품 등이 지식재산권 등을 침해하였음이 명백한 경우에는 직권으로 해당 물품의 통관을 보류하거나 해당 물품을 유치할 수 있다. 이 경우 세관장은 해당 물품의 수출입신고 등을 한 자에게 그 사실을 즉시 통보하여야 한다.

🗒 지식재산권 담보

구분	통관보류 또는 유치 요청시, 통관 또는 유치 해제 요청시 제공 담보	
요청 주체	지식재산권 등을 보호받으려는 자, 수출입신고 등을 한 자	중소기업
담보금액	과세가격의 100분의 120에 상당하는 금액	과세가격의 100분의 40에 상당하는 금액
담보의 종류	금전, 국채 또는 지방채, 세관장이 인정하는 유가증권, 세관장이 인정하는 보증인의 납세보증서	

3. 통관보류 · 유치된 물품의 통관허용 · 유치해제 요청

담보의 제공	통관보류 등의 요청을 받은 세관장은 특별한 사유가 없으면 해당 물품의 통관을 보류하거나 유치하여야 한다. 다만, 수출입신고 등을 한 자가 담보를 제공하고 통관 또는 유치 해제를 요청하는 경우에는 해당 물품의 통관을 허용하거나 유치를 해제할 수 있다.

통관허용
제외 물품
	① 위조하거나 유사한 상표를 부착하여 상표권을 침해하는 물품
	② 불법복제된 물품으로서 저작권등을 침해하는 물품
	③ 같거나 유사한 품종명칭을 사용하여 품종보호권을 침해하는 물품
	④ 위조하거나 유사한 지리적표시를 사용하여 지리적표시권등을 침해하는 물품
	⑤ 특허로 설정등록된 발명을 사용하여 특허권을 침해하는 물품
	⑥ 같거나 유사한 디자인을 사용하여 디자인권을 침해하는 물품
	⑦ 다음의 어느 하나에 해당하는 방위산업기술이 사용된 물품
	    ㉠ 부정한 방법으로 취득한 방위산업기술
	    ㉡ ㉠에 해당하는 방위산업기술임을 알고 취득한 방위산업기술

통관허용 여부 결정	세관장은 통관보류 등이 된 물품의 통관허용 요청이 있는 경우 해당 물품의 통관 또는 유치 해제 허용 여부를 요청일부터 15일 이내에 결정한다.

3 통관의 제한 및 보류(법 제236조 ~ 제237조)

통관의 제한	관세청장이나 세관장은 감시에 필요하다고 인정될 때에는 통관역·통관장 또는 특정한 세관에서 통관할 수 있는 물품을 제한할 수 있다.
통관의 보류 사유	① 수출·수입 또는 반송에 관한 신고서의 기재사항에 보완이 필요한 경우 ② 수출·수입 또는 반송에 관한 신고시 제출서류 등이 갖추어지지 아니하여 보완이 필요한 경우 ③ 「관세법」에 따른 의무사항(조약·국제법규의 의무 포함)을 위반하거나 국민보건 등을 해칠 우려가 있는 경우 ④ 물품에 대한 안전성 검사가 필요한 경우, 안전성 검사 결과 불법·불량·유해 물품으로 확인된 경우 ⑤ 「국제징수법」·「지방세징수법」에 따라 세관장에게 강제징수·체납처분이 위탁된 해당 체납자가 수입하는 경우 ⑥ 관세 관계 법령을 위반한 혐의로 고발되거나 조사를 받는 경우

📑 신고사항의 보완(법 제249조)

세관장은 다음의 경우에는 신고가 수리되기 전까지 갖추어지지 아니한 사항을 보완하게 할 수 있다. 다만, 해당 사항이 경미하고 신고수리 후에 보완이 가능하다고 인정되는 경우에는 관세청장이 정하는 바에 따라 신고수리 후 이를 보완하게 할 수 있다.
1. 수출·수입 또는 반송에 관한 신고서의 기재사항이 갖추어지지 아니한 경우
2. 제출서류가 갖추어지지 아니한 경우

4 보세구역 반입명령(법 제238조)

1. 반입명령 대상

반입명령 대상 물품	관세청장이나 세관장은 다음 각 호의 어느 하나에 해당하는 물품으로서 이 법에 따른 의무사항을 위반하거나 국민보건 등을 해칠 우려가 있는 물품에 대해서는 대통령령으로 정하는 바에 따라 화주(화주의 위임을 받은 자를 포함한다) 또는 수출입 신고인에게 보세구역으로 반입할 것을 명할 수 있다. ① 수출신고가 수리되어 외국으로 반출되기 전에 있는 물품 ② 수입신고가 수리되어 반출된 물품
반입명령 사유	① 특정한 용도에의 사용 등 의무를 이행하지 아니한 경우 ② 원산지 표시·품질 등의 표시가 적법하게 표시되지 아니하였거나 수출입신고수리 당시와 다르게 표시되어 있는 경우 ③ 지식재산권을 침해한 경우
반입명령 제외 사유	① 수출입신고가 수리된 후 3개월이 지난 경우 ② 관계행정기관의 장의 시정조치가 있는 경우

2. 반입명령의 송달

반입명령 대상 물품	① 반입의무자는 해당 물품을 지정받은 보세구역으로 반입하여야 한다. ② 보세구역 반입명령에 대하여 반입대상 물품의 전부 또는 일부를 반입하지 아니한 자는 물품원가 또는 2천만원 중 높은 금액 이하의 벌금에 처한다.
반입된 물품에 대한 조치	① 관세청장이나 세관장은 반입의무자에게 반입된 물품을 국외로 반출 또는 폐기할 것을 명하거나 반입의무자가 위반사항 등을 보완 또는 정정한 이후 국내로 반입하게 할 수 있다. ② 반출 또는 폐기된 경우 ⓖ 비용은 반입의무자가 부담한다. ⓛ 수출입 신고 수리는 취소된 것으로 본다. ⓒ 해당 물품을 수입할 때 납부한 관세는 환급한다.
위반사항이 경미한 경우	관세청장이나 세관장은 법 위반사항이 경미하거나 감시·단속에 지장이 없다고 인정되는 경우에는 반입의무자에게 해당 물품을 보세구역으로 반입하지 아니하고 필요한 조치를 하도록 명할 수 있다.

Ⅳ. 통관 후 유통이력 관리

1 통관 후 유통이력 신고(법 제240조의2)

유통이력 신고	신고 의무자	① 외국물품을 수입하는 자 ② 수입물품을 국내에서 거래하는 자(소비자에 대한 판매를 주된 영업으로 하는 사업자는 제외한다)
	신고절차	① 유통이력 신고의무자는 유통이력 신고물품에 대한 유통이력을 관세청장에게 신고하여야 한다. ② 유통이력을 신고하지 아니하거나 거짓으로 신고한 자에게는 500만원 이하의 과태료를 부과한다.
기록 및 보관		① 유통이력 신고의무자는 유통이력을 장부에 기록(전자적 기록방식 포함)하고, 그 자료를 거래일부터 1년간 보관하여야 한다. ② 장부기록 자료를 보관하지 아니한 자에게는 500만원 이하의 과태료를 부과한다.
유통이력 신고물품의 지정		① 관세청장은 유통이력 신고물품을 지정할 때 미리 관계행정기관의 장과 협의하여야 한다. ② 관세청장은 수입물품을 내국물품에 비하여 부당하게 차별해서는 아니 되며, 유통이력 신고의무자의 부담이 최소화 되도록 하여야 한다. ③ 유통이력 신고물품별 신고의무 존속기한, 유통이력의 범위, 신고 절차, 그 밖에 유통이력 신고에 필요한 사항은 관세청장이 정한다.

2 유통이력 조사(법 제240조의3)

유통이력 조사	관세청장은 유통이력 신고제도를 시행하기 위하여 필요하다고 인정할 때에는 세관공무원으로 하여금 유통이력 신고의무자의 사업장에 출입하여 영업 관계의 장부나 서류를 열람하여 조사하게 할 수 있다.
조사자와 대상자의 의무	① 유통이력 신고의무자는 정당한 사유 없이 유통이력 조사를 거부·방해 또는 기피하여서는 아니 된다. ② 조사를 하는 세관공무원은 신분을 확인할 수 있는 증표를 지니고 이를 관계인에게 보여 주어야 한다.

V. 통관절차 등의 국제협력

1 무역원활화 기본계획의 수립 및 시행(법 제240조의4)

계획의 수립·시행	① 기획재정부장관은 무역원활화를 촉진하기 위하여 무역원활화 기본계획을 수립·시행하여야 한다. ② 기획재정부장관은 기본계획을 시행하기 위하여 무역원활화에 관한 업무를 수행하는 기관 또는 단체에 필요한 지원을 할 수 있다.
무역원활화 위원회	① 무역원활화에 관한 사항을 심의하기 위하여 기획재정부장관 소속으로 무역원활화위원회를 둔다. ② 위원회는 위원장 1명을 포함하여 20명 이내의 위원으로 구성한다. ③ 위원회의 위원장은 기획재정부차관이 된다.

2 상호주의에 따른 통관절차 간소화(법 제240조의5)

계획의 수립·시행	국제무역 및 교류를 증진하고 국가 간의 협력을 촉진하기 위하여 우리나라에 대하여 통관절차의 편익을 제공하는 국가에서 수입되는 물품에 대하여는 상호 조건에 따라 간이한 통관절차를 적용할 수 있다.
간이한 통관절차 적용대상 국가	① 우리나라와 통관절차의 편익에 관한 협정을 체결한 국가 ② 우리나라와 무역협정 등을 체결한 국가

3 국가 간 세관정보의 상호 교환 등(법 제240조의6)

세계관세기구의 정보 사용	관세청장은 물품의 신속한 통관과 이 법을 위반한 물품의 반입을 방지하기 위하여 세계 관세기구에서 정하는 수출입 신고항목 및 화물식별번호를 발급하거나 사용하게 할 수 있다.
상호주의	① 관세청장은 세계관세기구에서 정하는 수출입 신고항목 및 화물식별번호 정보를 다 른 국가와 상호 조건에 따라 교환할 수 있다. ② 관세청장은 관세의 부과와 징수, 과세 불복에 대한 심리, 형사소추 및 수출입신고의 검증을 위하여 수출입신고자료 등을 대한민국 정부가 다른 국가와 관세행정에 관한 협력 및 상호지원에 관하여 체결한 협정과 국제기구와 체결한 국제협약에 따라 다른 법률에 저촉되지 아니하는 범위에서 다른 국가와 교환할 수 있다. ③ 관세청장은 상호주의 원칙에 따라 상대국에 수출입신고자료 등을 제공하는 것을 제 한할 수 있다.

제2절 수출·수입 및 반송

I. 신고

1 수출·수입 또는 반송의 신고(법 제241조)

필수 신고사항		① 해당 물품의 품명·규격·수량 및 가격 ② 포장의 종류·번호 및 개수 ③ 목적지·원산지 및 선적지 ④ 원산지표시 대상물품인 경우에는 표시유무·방법 및 형태 ⑤ 상표 ⑥ 납세의무자 또는 화주의 상호(개인의 경우 성명)·사업자등록번호·통관고유부호와 해 외공급자부호 또는 해외구매자부호 ⑦ 물품의 장치장소 ⑧ 그 밖에 기획재정부령으로 정하는 참고사항
신고 가격	수출· 반송신고가격	해당 물품을 본선에 인도하는 조건으로 실제로 지급받았거나 지급받아야 할 가격으로서 최종 선적항 또는 선적지까지의 운임·보험료를 포함한 가격
	수입신고 가격	법 제30조 ~ 제35조의 방법으로 결정된 과세가격
신고생략 또는 간소한 신고		다음에 해당하는 물품은 신고를 생략하게 하거나 관세청장이 정하는 간소한 방법으로 신 고하게 할 수 있다. ① 휴대품·탁송품 또는 별송품 ② 우편물 ③ '종교용품·자선용품·장애인용품 등의 면세, 정부용품 등의 면세, 특정물품의 면세 등, 소액물품 등의 면세, 여행자 휴대품·이사물품 등의 면세, 재수출면세'에 따라 관세가 면제되는 물품

	④ '입항보고, 출항허가, 도착보고, 출발허가'의 대상이 되는 운송수단. 다만, 다음의 운송수단은 제외한다. ⓘ 우리나라에 수입할 목적으로 최초로 반입되는 운송수단 ⓛ 해외에서 수리하거나 부품 등을 교체한 우리나라의 운송수단 ⓒ 해외로 수출 또는 반송하는 운송수단 ⑤ 국제운송을 위한 컨테이너(별표 관세율표 중 기본세율이 무세인 것)
신고기한	① 수입하거나 반송하려는 물품을 지정장치장 또는 보세창고에 반입하거나 보세구역이 아닌 장소에 장치한 자는 그 반입일 또는 장치일부터 30일 이내(반송방법이 제한된 물품은 관세청장이 정하는 바에 따라 반송신고를 할 수 있는 날부터 30일 이내)에 신고를 하여야 한다. ② 전기, 가스, 유류, 용수를 그 물품의 특성으로 인하여 전선로, 배관 등을 이용하여 수출·수입 또는 반송하는 자는 1개월을 단위로 하여 해당 물품에 대한 제1항의 사항을 대통령령으로 정하는 바에 따라 다음 달 10일까지 신고하여야 한다.

수입·반송 신고지연 가산세	세관장은 대통령령으로 정하는 물품을 수입하거나 반송하는 자가 기간 내에 수입 또는 반송의 신고를 하지 아니한 경우에는 가산세를 징수한다.	
	신고기한이 경과한 날부터 20일 내 신고	과세가격의 0.5%
	신고기한이 경과한 날부터 50일 내 신고	과세가격의 1.0%
	신고기한이 경과한 날부터 80일 내 신고	과세가격의 1.5%
	이외의 경우	과세가격의 2.0%

	사유	가산세액
휴대품·이사 물품 신고 불이행 가산세	여행자나 승무원이 과세대상 휴대품을 신고하지 아니하여 과세하는 경우	납부할 세액(관세 및 내국세 포함)의 40% (반복적으로 자진신고를 하지 아니하는 경우, 60%)
	우리나라로 거주를 이전하기 위하여 입국하는 자가 입국할 때에 수입하는 과세대상 이사물품을 신고하지 아니하여 과세하는 경우	납부할 세액(관세 및 내국세 포함)의 20%

📑 해외 수리 운송수단 수입신고의 특례(법 제241조의2)

'해외에서 수리하거나 부품 등을 교체한 우리나라의 운송수단'을 수입신고하는 경우, 해당 운송수단의 가격은 수리 또는 부품 등이 교체된 부분의 가격으로 한다.

2 신고인 등(법 제242조 ~ 제243조)

신고인	수출입·반송신고, 입항전수입신고, 수입신고전 물품반출은 다음의 자의 명의로 할 수 있다.	
	수입신고, 반송신고	화주, 관세사 등(관세사, 관세법인, 통관취급법인)
	수출신고	화주, 관세사 등, 화주에게 해당 수출물품을 제조하여 공급한 자
신고의 요건	① '유치된 여행자의 휴대품' 중 관세청장이 정하는 물품은 관세청장이 정하는 바에 따라 반송방법을 제한할 수 있다. ② 수입의 신고는 해당 물품을 적재한 선박이나 항공기가 입항된 후에만 할 수 있다. ③ 반송의 신고는 해당 물품이 이 법에 따른 장치 장소에 있는 경우에만 할 수 있다. ④ 밀수출 등 불법행위가 발생할 우려가 높거나 감시단속을 위하여 필요하다고 인정하여 대통령령으로 정하는 물품은 관세청장이 정하는 장소에 반입한 후 수출의 신고를 하게 할 수 있다.	

3 입항전 수입신고(법 제244조)

1. 입항전수입신고의 시기 등

입항전 신고	① 수입하려는 물품의 신속한 통관이 필요할 때에는 해당 물품을 적재한 선박이나 항공기가 입항하기 전에 수입신고를 할 수 있다. ② 입항전수입신고가 된 물품은 우리나라에 도착한 것으로 본다. ③ 입항전수입신고는 당해 물품을 적재한 선박 또는 항공기가 그 물품을 적재한 항구 또는 공항에서 출항하여 우리나라에 입항하기 5일전(항공기의 경우 1일전)부터 할 수 있다.
출항전 신고	출항부터 입항까지의 기간이 단기간인 경우 등 당해 선박 등이 출항한 후에 신고하는 것이 곤란하다고 인정되어 출항하기 전에 신고하게 할 필요가 있는 때에는 관세청장이 정하는 바에 따라 그 신고시기를 조정할 수 있다.
입항전수입 신고를 할 수 없는 물품	다음 중 어느 하나에 해당하는 물품은 해당 물품을 적재한 선박 등이 우리나라에 도착된 후에 수입신고하여야 한다. ① 세율이 인상되거나 새로운 수입요건을 갖추도록 요구하는 법령이 적용되거나 적용될 예정인 물품 ② 수입신고하는 때와 우리나라에 도착하는 때의 물품의 성질과 수량이 달라지는 물품으로서 관세청장이 정하는 물품
관세환급	입항전수입신고가 수리되고 보세구역 등으로부터 반출되지 아니한 물품에 대하여는 해당 물품이 지정보세구역에 장치되었는지 여부와 관계없이 '지정보세구역 장치물품의 멸실·변질·손상으로 인한 관세환급' 규정을 준용하여 관세를 환급한다.

2. 물품 검사

검사 대상	① 세관장은 입항전수입신고를 한 물품에 대하여 물품검사의 실시를 결정하였을 때에는 수입신고를 한 자에게 이를 통보하여야 한다. ② 검사대상으로 결정된 물품은 수입신고를 한 세관의 관할 보세구역(보세구역이 아닌 장소에 장치하는 경우 그 장소를 포함)에 반입되어야 한다. 다만, 세관장이 적재상태에서 검사가 가능하다고 인정하는 물품은 해당 물품을 적재한 선박이나 항공기에서 검사할 수 있다.
비검사 대상	검사대상으로 결정되지 아니한 물품은 입항 전에 그 수입신고를 수리할 수 있다.

Ⅱ. 물품의 검사

1 물품의 검사(법 제246조, 제247조)

일반적인 검사 장소	① 화주는 수입신고를 하려는 물품에 대하여 수입신고 전에 관세청장이 정하는 바에 따라 확인을 할 수 있다. ② 물품 검사는 장치할 수 있는 장소에서 한다. 다만, 수출하려는 물품은 해당 물품이 장치되어 있는 장소에서 검사한다.
효율적인 검사장소	세관장은 효율적인 검사를 위하여 부득이하다고 인정될 때에는 관세청장이 정하는 바에 따라 해당 물품을 보세구역에 반입하게 한 후 검사할 수 있다.

2 물품의 검사에 따른 손실보상(법 제246조의2)

손실보상 주체		관세청장 또는 세관장은 이 법에 따른 세관공무원의 적법한 물품검사로 인하여 물품에 손실이 발생한 경우 그 손실을 입은 자에게 보상(손실보상)하여야 한다.
손실보상 금액	수리할 수 없는 경우	① 검사대상물품: 과세가격에 상당하는 금액(과세가격에 상당하는 금액을 산정할 수 없는 경우, 구매가격 및 손실을 입은 자가 청구하는 금액을 고려하여 관세청장이 합리적인 범위에서 인정하는 금액) ② 검사대상물품을 포장한 용기 또는 운반·운송하는 수단: 구매가격 및 손실을 입은 자가 청구하는 금액을 고려하여 관세청장이 합리적인 범위에서 인정하는 금액
	수리할 수 있는 경우	수리비에 상당하는 금액(한도: 위 ①, ②의 금액)

3 물품에 대한 안전성 검사(법 제246조의3)

관세청장	① 관세청장은 중앙행정기관의 장의 요청을 받아 세관장으로 하여금 안전성 검사를 하게 할 수 있다. ② 관세청장은 중앙행정기관의 장의 안전성 검사 요청을 받거나 중앙행정기관의 장에게 안전성 검사를 요청한 경우 해당 안전성 검사를 위하여 필요한 인력 및 설비 등을 고려하여 안전성 검사 대상 물품을 지정하여야 하고, 그 결과를 해당 중앙행정기관의 장에게 통보하여야 한다. ③ 관세청장은 안전성 검사를 위하여 협업검사센터를 주요 공항·항만에 설치할 수 있고, 세관장에게 안전성 검사 대상 물품의 안전성 검사에 필요한 자체 검사 설비를 지원하는 등 원활한 안전성 검사를 위한 조치를 취하여야 한다. ④ 관세청장은 안전성 검사 결과 불법·불량·유해 물품으로 확인된 물품의 정보를 관세청 인터넷 홈페이지를 통하여 공개할 수 있다.
중앙행정 기관의 장	중앙행정기관의 장은 안전성 검사를 요청하는 경우 관세청장에게 해당 물품에 대한 안전성 검사 방법 등 관련 정보를 제공하여야 하고, 필요한 인력을 제공할 수 있다.
세관장	세관장은 안전성 검사 대상 물품으로 지정된 물품에 대하여 중앙행정기관의 장과 협력하여 안전성 검사를 실시하여야 한다.

수출입물품 안전관리기관 협의회	① 안전성 검사에 필요한 정보교류, 불법·불량·유해물품에 대한 정보 등의 제공 요청 등 대통령령으로 정하는 사항을 협의하기 위하여 관세청에 수출입물품안전관리기관협의 회를 둔다. ② 협의회는 위원장 1명을 포함하여 25명 이내의 위원으로 구성한다. ③ 협의회의 회의는 위원의 과반수 출석으로 개의하고, 출석위원 3분의 2 이상의 찬성으로 의결한다.

Ⅲ. 신고의 처리

1 신고의 수리(법 제248조)

신고필증의 발급	세관장은 수출입·반송 신고가 이 법에 따라 적합하게 이루어졌을 때에는 이를 지체 없이 수리하고 신고인에게 신고필증을 발급하여야 한다. 다만, 국가관세종합정보시스템의 전산 처리설비를 이용하여 신고를 수리하는 경우에는 관세청장이 정하는 바에 따라 신고인(신 고 명의인이 화주가 아닌 경우에는 화주 포함)이 직접 전산처리설비를 이용하여 신고필증 을 발급받을 수 있다.
수입신고 수리시 담보 제공	① 이 법 또는 「수출용원재료에 대한 관세 등 환급에 관한 특례법」 제23조를 위반하여 징 역형의 실형을 선고받고 그 집행이 끝나거나(집행이 끝난 것으로 보는 경우를 포함한 다) 면제된 후 2년이 지나지 아니한 자 ③ 이 법 또는 「수출용원재료에 대한 관세 등 환급에 관한 특례법」 제23조를 위반하여 징 역형의 집행유예를 선고받고 그 유예기간 중에 있는 자 ③ 관세형벌 규정에 따라 벌금형 또는 통고처분을 받은 자로서 그 벌금형을 선고받거나 통 고처분을 이행한 후 2년이 지나지 아니한 자 ④ 제241조 또는 제244조에 따른 수입신고일을 기준으로 최근 2년간 관세 등 조세를 체납 한 사실이 있는 자 ⑤ 최근 2년간 계속해서 수입실적이 없는 자 ⑥ 파산, 청산 또는 개인회생절차가 진행 중인 자 ⑦ 수입실적, 자산, 영업이익, 수입물품의 관세율 등을 고려할 때 관세채권 확보가 곤란한 경우로서 관세청장이 정하는 요건에 해당하는 자
수리 전 물품반출 금지	신고수리 전에는 운송수단, 관세통로, 하역통로 또는 이 법에 따른 장치 장소로부터 신고된 물품을 반출하여서는 아니 된다.

2 신고의 취하 및 각하(법 제250조)

신고의 취하	① 신고는 정당한 이유가 있는 경우에만 세관장의 승인을 받아 취하할 수 있다. 다만, 수입 및 반송의 신고는 운송수단, 관세통로, 하역통로 또는 이 법에 규정된 장치 장소에서 물품을 반출한 후에는 취하할 수 없다(10일 이내 승인여부 통지하지 아니하면 그 기간이 끝난 날의 다음날에 승인을 한 것으로 본다). ② 수출·수입 또는 반송의 신고를 수리한 후 신고의 취하를 승인한 때에는 신고수리의 효력이 상실된다.
신고의 각하	세관장은 신고가 그 요건을 갖추지 못하였거나 부정한 방법으로 신고되었을 때에는 해당 수출·수입 또는 반송의 신고를 각하할 수 있다.

3 수출신고수리물품의 적재 등(법 제251조)

수출신고 수리물품의 적재	수출신고가 수리된 물품은 수출신고가 수리된 날부터 30일 이내에 운송수단에 적재하여야 한다. 다만, 기획재정부령으로 정하는 바에 따라 1년의 범위에서 적재기간의 연장승인을 받은 것은 그러하지 아니하다.
미적재 물품의 수출신고 수리 취소	세관장은 기간 내에 적재되지 아니한 물품에 대하여는 수출신고의 수리를 취소할 수 있다.

Ⅳ. 통관절차의 특례

1 수입신고수리전 반출(법 제252조)

수리전반출	수입신고를 한 물품을 세관장의 수리 전에 해당 물품이 장치된 장소로부터 반출하려는 자는 납부하여야 할 관세에 상당하는 담보를 제공하고 세관장의 승인을 받아야 한다.
담보제공 생략	① 국가, 지방자치단체, 공공기관, 지방공사 및 지방공단이 수입하는 물품 ② 학술연구용품 감면 적용을 받는 기관이 수입하는 물품 ③ 최근 2년간 법 위반(관세청장이 형사처벌을 받은 자로서 재범의 우려가 없다고 인정하는 경우를 제외한다) 사실이 없는 수출입자 또는 신용평가기관으로부터 신용도가 높은 것으로 평가를 받은 자로서 관세청장이 정하는 자가 수입하는 물품 ④ 수출용원재료 등 수입물품의 성질, 반입사유 등을 고려할 때 관세채권의 확보에 지장이 없다고 관세청장이 인정하는 물품 ② 거주 이전의 사유, 납부할 세액 등을 고려할 때 관세채권의 확보에 지장이 없다고 관세청장이 정하여 고시하는 기준에 해당하는 자의 이사물품

📋 **수입신고수리전 반출 승인의 효과**

1. 수입신고수리전 반출 승인을 받아 반출된 물품은 내국물품으로 본다.
2. 수입신고수리전 반출 승인일은 수입신고 수리일로 본다.

2 수입신고전의 물품반출(즉시반출, 법 제253조)

즉시반출	수입하려는 물품을 수입신고 전에 운송수단, 관세통로, 하역통로 또는 이 법에 따른 장치장소로부터 즉시 반출하려는 자는 대통령령으로 정하는 바에 따라 세관장에게 즉시반출신고를 하여야 한다. 이 경우 세관장은 납부하여야 하는 관세에 상당하는 담보를 제공하게 할 수 있다.
즉시반출 대상	① 관세 등의 체납이 없고 최근 3년동안 수출입실적이 있는 제조업자 또는 외국인투자자가 수입하는 시설재 또는 원부자재 ② 기타 관세 등의 체납우려가 없는 경우로서 관세청장이 정하는 물품
수입신고 기한	① 즉시반출신고를 하고 물품을 반출을 하는 자는 즉시반출신고를 한 날부터 10일 이내에 수입신고를 하여야 한다. ② 세관장은 즉시반출을 한 자가 기간 내에 수입신고를 하지 아니하는 경우에는 '물품을 즉시 반출한 자'로부터 관세를 부과·징수한다. 이 경우 해당 물품에 대한 관세의 100분의 20에 상당하는 금액을 가산세로 징수하고, 즉시반출 대상의 지정을 취소할 수 있다.

📑 즉시반출 물품의 납부기한과 과세물건 확정시기

1. 수입신고전 즉시반출신고를 한 경우 관세의 납부기한은 수입신고일부터 15일 이내로 한다.
2. 즉시반출신고를 하고 반출한 물품은 수입신고전 즉시반출신고를 한 때의 물품의 성질과 그 수량에 따라 관세를 부과한다.

3 전자상거래물품의 특별통관 등(법 제254조)

관세청 고시	관세청장은 전자상거래물품에 대하여 대통령령으로 정하는 바에 따라 수출입신고·물품검사 등 통관에 필요한 사항을 따로 정할 수 있다.
관세청장의 정보제공 요청	관세청장은 관세의 부과·징수 및 통관을 위하여 필요한 경우 사이버몰을 운영하는 구매대행업자, 통신판매업자 또는 통신판매중개를 하는 자에게 전자상거래물품의 주문·결제 등과 관련된 거래정보로서 대통령령으로 정하는 정보를 수입신고 전에 제공하여 줄 것을 요청할 수 있다.

4 탁송품의 특별통관(법 제254조의2)

특별통관 대상	① 신고를 생략하게 하거나 관세청장이 정하는 간소한 방법으로 신고하게 할 수 있는 탁송품 ② 자가사용물품 또는 면세되는 상업용 견본품 중 물품가격(과세가격에서 운송관련 비용을 뺀 가격)이 미화 150달러 이하인 물품
특별통관 방법	탁송품 운송업자가 통관목록을 세관장에게 제출함으로써 수입신고를 생략할 수 있다.
실제 배송 주소지 제출	탁송품 운송업자는 통관목록에 적힌 물품수신인의 주소지(수입신고를 한 탁송품의 경우에는 수입신고서에 적힌 납세의무자의 주소지)가 아닌 곳에 탁송품을 배송하거나 배송하게 한 경우에는 배송한 날이 속하는 달의 다음달 15일까지 실제 배송한 주소지를 세관장에게 제출하여야 한다.

탁송품 통관장소	원칙	관세청장이 정하는 절차에 따라 별도로 정한 지정장치장
	예외(1)	(감시 · 단속에 지장이 없다고 인정하는 경우) ① 탁송품 운송업자가 운영하는 보세창고 ② 탁송품 운송업자가 운영하는 자유무역지역 시설
	예외(2)	(특별통관절차가 적용되지 아니하는 탁송품으로서 검사를 마치고 탁송품에 대한 감시 · 단속에 지장이 없다고 인정하는 경우) 관세청장이 정하는 보세구역 등

5 수출입 안전관리 우수업체의 공인(법 제255조의2 ~ 제255조의7)

1. 수출입 안전관리 우수업체의 공인(법 제255조의2, 법 제255조의5)

공인	관세청장은 무역과 관련된 자가 다음의 안전관리 기준을 충족하는 경우 수출입 안전관리 우수업체로 공인할 수 있다. ① 수출입에 관련된 법령을 성실하게 준수하였을 것 ② 관세 등 영업활동과 관련한 세금을 체납하지 않는 등 재무 건전성을 갖출 것 ③ 수출입물품의 안전한 관리를 확보할 수 있는 운영시스템, 거래업체, 운송수단 및 직원 교육체계 등을 갖출 것 ④ 그 밖에 세계관세기구에서 정한 수출입 안전관리에 관한 표준 등을 반영하여 관세청장이 정하는 기준을 갖출 것
심사	① 관세청장은 공인을 받기 위하여 심사를 요청한 자에 대하여 대통령령으로 정하는 바에 따라 심사하여야 한다. ② 관세청장은 심사를 할 때 국제선박보안증서를 교부받은 국제항해선박소유자 또는 항만시설적합확인서를 교부받은 항만시설소유자에 대하여는 안전관리 기준 중 일부에 대하여 심사를 생략할 수 있다.
유효기간	공인의 유효기간은 5년으로 하며, 갱신할 수 있다.
공인 취소 사유	① 거짓이나 그 밖의 부정한 방법으로 공인을 받거나 공인을 갱신받은 경우 ② 수출입안전관리우수업체가 양도, 양수, 분할 또는 합병 등으로 공인 당시의 업체와 동일하지 아니하다고 관세청장이 판단하는 경우 ③ 안전관리 기준을 충족하지 못하는 경우 ④ 혜택 정지 처분을 공인의 유효기간 동안 5회 이상 받은 경우 ⑤ 시정명령을 정당한 사유 없이 이행하지 아니한 경우 ⑥ 수출입안전관리우수업체가 벌금형 이상의 형을 선고받거나 통고처분을 받은 경우
위원회	① 관세청장은 수출입안전관리우수업체의 공인 등을 심의하기 위하여 필요한 경우에 수출입안전관리우수업체심의위원회를 구성 · 운영할 수 있다. ② 위원회는 위원장 1명을 포함하여 20명 이상 30명 이내의 위원으로 구성한다. ③ 위원회의 위원장은 관세청 차장으로 한다.

2. 수출입 안전관리 우수업체에 대한 혜택 등(법 제255조의3)

혜택	① 관세청장은 수출입안전관리우수업체에 통관절차 및 관세행정상의 혜택으로서 '수출입 물품에 대한 검사 완화나 수출입신고 및 관세납부 절차 간소화 등의 사항'을 제공할 수 있다. ② 관세청장은 다른 국가의 수출입 안전관리 우수업체에 상호 조건에 따라 제1항에 따른 혜택을 제공할 수 있다.
혜택 정지	관세청장은 수출입안전관리우수업체가 자율 평가 결과를 보고하지 아니하는 등 대통령령으로 정하는 사유에 해당하는 경우 6개월의 범위에서 혜택의 전부 또는 일부를 정지할 수 있다.

3. 수출입 안전관리 우수업체에 대한 사후관리(법 제255조의4)

사후관리	관세청장은 수출입안전관리우수업체가 제255조의2 제1항에 따른 안전관리 기준을 충족하는지를 주기적으로 확인하여야 한다.
보고	① 관세청장은 수출입안전관리우수업체에 안전관리기준의 충족 여부를 자율적으로 평가하도록 하여 그 결과를 보고하게 할 수 있다. ② 수출입안전관리우수업체가 양도, 양수, 분할 또는 합병하거나 그 밖에 관세청장이 정하여 고시하는 변동사항이 발생한 경우에는 그 변동사항이 발생한 날부터 30일 이내에 그 사항을 관세청장에게 보고하여야 한다. 다만, 그 변동사항이 수출입안전관리우수업체의 유지에 중대한 영향을 미치는 경우로서 관세청장이 정하여 고시하는 사항에 해당하는 경우에는 지체 없이 그 사항을 보고하여야 한다.

제3절 우편물

◼ 통관 우체국 등(법 제256조 ~ 제257조)

통관우체국 경유	① 수출·수입 또는 반송하려는 우편물(서신은 제외한다)은 통관우체국을 경유하여야 한다. ② 통관우체국은 체신관서 중에서 관세청장이 지정한다.
우편물의 사전전자정보 제출	① 통관우체국의 장은 수입하려는 우편물의 발송국으로부터 해당 우편물이 발송되기 전에 세관신고정보를 포함하여 사전전자정보를 제공받은 경우에는 그 제공받은 정보를 해당 우편물이 발송국에서 출항하는 운송수단에 적재되기 전까지 세관장에게 제출하여야 한다. ② 세관장은 관세청장이 우정사업본부장과 협의하여 사전전자정보 제출대상으로 정한 국가에서 발송한 우편물 중 사전전자정보가 제출되지 아니한 우편물에 대해서는 통관우체국의 장으로 하여금 반송하도록 할 수 있다.
우편물의 검사	통관우체국의 장이 우편물을 접수하였을 때에는 세관장에게 우편물목록을 제출하고 해당 우편물에 대한 검사를 받아야 한다. 다만, 관세청장이 정하는 우편물은 검사를 생략할 수 있다.

2 우편물통관에 대한 결정(법 제258조)

우편물 통관에 대한 결정	통관우체국의 장은 세관장이 우편물에 대하여 수출·수입 또는 반송을 할 수 없다고 결정하였을 때에는 그 우편물을 발송하거나 수취인에게 내줄 수 없다.

신고대상 우편물	① 「대외무역법」 제11조에 따른 수출입의 승인을 받은 것
	② 법령에 따라 수출입이 제한되거나 금지되는 물품
	③ 법 제226조에 따라 세관장의 확인이 필요한 물품
	④ 판매를 목적으로 반입하는 물품 또는 대가를 지급하였거나 지급하여야 할 물품(통관허용여부 및 과세대상여부에 관하여 관세청장이 정한 기준에 해당하는 것으로 한정한다)
	⑤ 가공무역을 위하여 우리나라와 외국간에 무상으로 수출입하는 물품 및 그 물품의 원·부자재
	⑥ 다음 각 목의 어느 하나에 해당하는 물품
	
	   ㉠ 건강기능식품
	   ㉡ 의약품
	   ㉢ 위 ㉠, ㉡과 유사한 물품으로서 관세청장이 국민보건을 위하여 수출입신고가 필요하다고 인정하여 고시하는 물품
	
	⑦ 그 밖에 수출입신고가 필요하다고 인정되는 물품으로서 관세청장이 정하는 금액을 초과하는 물품

3 세관장의 통지 등(법 제259조)

세관장의 통지	① 세관장은 우편물 통관에 대한 결정을 한 경우에는 그 결정사항을, 관세를 징수하려는 경우에는 그 세액을 통관우체국의 장에게 통지하여야 한다. ② 세관장으로부터 통지를 받은 통관우체국의 장은 우편물의 수취인이나 발송인에게 그 결정사항을 통지하여야 한다.
우편물의 납세절차	① 우편물 통관에 대한 통지를 받은 자는 대통령령으로 정하는 바에 따라 해당 관세를 수입인지 또는 금전으로 납부하여야 한다. ② 체신관서는 관세를 징수하여야 하는 우편물은 관세를 징수하기 전에 수취인에게 내줄 수 없다.
반송	우편물에 대한 납세의무는 해당 우편물이 반송되면 소멸한다.

제10장 세관공무원의 자료 제출 요청 등

제1절 세관장 등의 과세자료 요청 등

① 운송수단의 출발 중지 등(법 제262조 ~ 제263조, 제264조의10)

관세청장, 세관장	① 운송수단의 출발을 중지시키거나 그 진행을 정지시킬 수 있다. ② 물품·운송수단 또는 장치 장소에 관한 서류의 제출·보고 또는 그 밖에 필요한 사항을 명하거나, 세관공무원으로 하여금 수출입자·판매자 또는 그 밖의 관계자에 대하여 관계 자료를 조사하게 할 수 있다.
관세청장	우리나라로 반입되거나 우리나라에서 반출되는 물품의 안전 관리를 위하여 필요한 경우 중앙행정기관의 장에게 해당 기관이 보유한 불법·불량·유해물품에 대한 정보 등을 제공하여 줄 것을 요청할 수 있다.

② 과세자료의 요청(법 제264조 ~ 제264조의9)

과세자료의 요청	관세청장은 국가기관 및 지방자치단체 등 관계 기관 등에 대하여 관세의 부과·징수 및 통관에 관계되는 자료 또는 통계를 요청할 수 있다.
과세자료의 제출방법	① 과세자료제출기관의 장은 분기별로 분기만료일이 속하는 달의 다음 달 말일까지 관세청장 또는 세관장에게 과세자료를 제출하여야 한다. ② 과세자료제출기관의 장은 관세청장 또는 세관장으로부터 과세자료의 추가 또는 보완을 요구받은 경우에는 정당한 사유가 없으면 그 요구를 받은 날부터 15일 이내에 그 요구에 따라야 한다.
과세자료의 관리 및 활용	관세청장은 이 법에 따른 과세자료의 효율적인 관리와 활용을 위한 전산관리 체계를 구축하는 등 필요한 조치를 마련하여야 한다.
비밀유지의무	① 관세청 및 세관 소속 공무원은 제출받은 과세자료를 타인에게 제공 또는 누설하거나 목적 외의 용도로 사용하여서는 아니 된다. ② 이를 위반하여 과세자료를 타인에게 제공 또는 누설하거나 목적 외의 용도로 사용한 자는 3년 이하의 징역 또는 1천만원 이하의 벌금에 처한다. ③ 이 경우 징역과 벌금은 병과할 수 있다.

제2절 세관공무원의 물품검사 등(법 제265조 ~ 제268조)

1 세관공무원

검사, 봉쇄	이 법 또는 이 법에 따른 명령을 위반한 행위를 방지하기 위하여 필요하다고 인정될 때에는 물품, 운송수단, 장치 장소 및 관계 장부·서류를 검사 또는 봉쇄하거나 그 밖에 필요한 조치를 할 수 있다.
물품 분석	'검사 대상 물품, 범죄와 관련된 물품'에 대한 품명, 규격, 성분, 용도, 원산지 등을 확인하거나 품목분류를 결정할 필요가 있을 때에는 해당 물품에 대하여 물리적·화학적 분석을 할 수 있다.
자료 제출 요구	이 법에 따른 직무를 집행하기 위하여 필요하다고 인정될 때에는 수출입업자·판매업자 또는 그 밖의 관계자에 대하여 질문하거나 문서화·전산화된 장부, 서류 등 관계 자료 또는 물품을 조사하거나, 그 제시 또는 제출을 요구할 수 있다.

2 세관장

군부대장 등에 대한 협조 요청	직무를 집행하기 위하여 필요하다고 인정될 때에는 다음 각 호의 어느 하나에 해당하는 자에게 협조를 요청할 수 있다. ① 육군·해군·공군의 각 부대장 ② 국가경찰관서의 장 ③ 해양경찰관서의 장

3 관세청장

명예세관원 위촉	밀수감시단속 활동의 효율적인 수행을 위하여 필요한 경우에는 수출입 관련 분야의 민간 종사자 등을 명예세관원으로 위촉하여 '공항·항만에서의 밀수 감시, 정보 제공과 밀수 방지의 홍보'의 활동을 하게 할 수 있다.

4 관세청장이나 세관장

유통실태조사	① 소비자 피해를 예방하기 위하여 필요한 경우 통신판매중개를 하는 자를 대상으로 통신판매중개를 하는 사이버몰에서 거래되는 물품 중 '허가·승인 등의 증명 및 확인, 원산지 허위표시물품의 통관 제한, 지식재산권 보호'를 위반하여 수입된 물품의 유통실태 조사를 서면으로 실시할 수 있다. ② 서면실태조사를 위하여 필요한 경우에는 해당 통신판매중개를 하는 자에게 필요한 자료의 제출을 요구할 수 있다. ③ 관세청장은 통신판매중개자에 대한 서면실태조사를 매년 1회 실시할 수 있다. ④ 관세청장은 서면실태조사의 결과를 공정거래위원회에 제공할 수 있다.
무기등의 휴대 및 사용	① 직무를 집행하기 위하여 필요하다고 인정될 때에는 그 소속 공무원에게 「경찰관 직무집행법」에 따른 장비, 장구, 분사기 및 무기(무기등)를 휴대하게 할 수 있다. ② 세관공무원은 「경찰관 직무집행법」에 준하여 무기등을 사용할 수 있다.

📋 자료를 갖춰 두어야 하는 영업장(법 제266조)

상설영업장을 갖추고 외국에서 생산된 물품을 판매하는 자로서 다음에 해당하는 자는 해당 물품에 관하여 세금계산서나 수입 사실 등을 증명하는 자료를 영업장에 갖춰 두어야 한다. 관세청장이나 세관장은 다음의 상설영업장의 판매자나 그 밖의 관계인으로 하여금 영업에 관한 보고를 하게 할 수 있다.

1. 백화점
2. 최근 1년간 수입물품의 매출액이 5억원 이상인 수입물품만을 취급하거나 수입물품을 할인판매하는 상설영업장
3. 통신판매하는 자로서 최근 1년간 수입물품의 매출액이 10억원 이상인 상설영업장
4. 관세청장이 정하는 물품을 판매하는 자로서 최근 1년간 수입물품의 매출액이 전체 매출액의 30퍼센트를 초과하는 상설영업장
5. 상설영업장의 판매자 또는 그 대리인이 최근 3년 이내에 「관세법」 또는 「관세사법」 위반으로 처벌받은 사실이 있는 경우 그 상설영업장

제11장 벌칙

1 관세형벌 제도의 특수성(법 제271조, 제275조, 제278조)

구분	내용	
교사자, 방조자	그 정황을 알면서 범죄행위를 교사하거나 방조한 자는 정범에 준하여 처벌한다.	밀수출입죄, 관세포탈죄 등
예비범, 미수범	① 미수범은 본죄에 준하여 처벌한다. ② 죄를 저지를 목적으로 그 예비를 한 자는 본죄의 2분의 1을 감경하여 처벌한다.	전자문서 위조변조죄 등, 밀수출입죄, 관세포탈죄 등
징역과 벌금의 병과	죄를 저지른 자는 정상(情狀)에 따라 징역과 벌금을 병과할 수 있다.	밀수출입죄, 관세포탈죄 등, 가격조작죄, 미수범 등, 밀수품의 취득죄 등, 과세자료 비밀유지 위반죄
형법 적용의 일부 배제	이 법에 따른 벌칙에 위반되는 행위를 한 자에게는 형법의 벌금경합에 관한 제한가중규정을 적용하지 아니한다.	

2 징역형 또는 벌금형에 처해지는 경우(법 제268조의2)

죄목	내용	처벌
전자문서 위조·변조죄	전자문서 등 관련정보를 위조 또는 변조하거나 위조 또는 변조된 정보를 행사한 자	1년 이상 10년 이하의 징역 또는 1억원 이하의 벌금
전자문서중계 업무 부정죄	① 관세청장의 지정을 받지 아니하고 전자문서중계업무를 행한 자 ② 전자문서 등 관련정보를 훼손하거나 그 비밀을 침해한 자, 비밀을 누설하거나 도용한 자	5년 이하의 징역 또는 5천만원 이하의 벌금
금지품 수출입죄	'헌, 정, 화'를 수출하거나 수입한 자	7년 이하의 징역 또는 7천만원 이하의 벌금
밀수입죄	① 수입신고를 하지 아니하고 수입한 자(즉시반출신고를 한 자는 제외) ② 수입신고를 하였으나 해당 수입물품과 다른 물품으로 신고하여 수입한 자	5년 이하의 징역 또는 관세액의 10배와 물품원가 중 높은 금액 이하에 상당하는 벌금
밀수출죄	① 수출 또는 반송 신고를 하지 아니하고 물품을 수출하거나 반송한 자 ② 수출·반송의 신고를 하였으나 수출물품 또는 반송물품과 다른 물품으로 신고하여 수출하거나 반송한 자	3년 이하의 징역 또는 물품원가 이하에 상당하는 벌금

관세포탈죄	① 세액결정에 영향을 미치기 위하여 과세가격 또는 관세율 등을 거짓으로 신고하거나 신고하지 아니하고 수입한 자, 품목분류 사전심사 등을 거짓으로 신청한 자 ② 제한사항을 회피할 목적으로 부분품으로 수입하거나 분할하여 수입한 자	3년 이하의 징역 또는 포탈한 관세액의 5배와 물품원가 중 높은 금액 이하에 상당하는 벌금
부정수입죄	수입신고를 한 자 중 수입요건을 갖추지 아니하거나 부정한 방법으로 갖추어 수입한 자	3년 이하의 징역 또는 3천만원 이하의 벌금
부정수출죄	수출신고를 한 자 중 수출요건을 갖추지 아니하거나 부정한 방법으로 갖추어 수출한 자	1년 이하의 징역 또는 2천만원 이하의 벌금
부정감면죄	부정한 방법으로 관세를 감면받거나 관세를 감면받은 물품에 대한 관세의 징수를 면탈한 자	3년 이하의 징역 또는 감면받거나 면탈한 관세액의 5배 이하에 상당하는 벌금
부정환급죄	부정한 방법으로 관세를 환급받은 자	3년 이하의 징역 또는 환급받은 세액의 5배 이하에 상당하는 벌금
가격 조작죄	보정신청, 수정신고, 수출입·반송신고를 할 때 부당하게 재물이나 재산상 이득을 취득하거나 제3자로 하여금 이를 취득하게 할 목적으로 물품의 가격을 조작하여 신청 또는 신고한 자	2년 이하의 징역 또는 다음 금액 이하의 벌금 ① 5천만원 ② 물품원가 ③ 물품가격 및 과세가격의 차액
밀수품 취득죄 등	밀수입물품 등을 취득·양도·운반·보관 또는 알선하거나 감정한 자	3년 이하의 징역 또는 물품원가 이하에 상당하는 벌금
강제징수 면탈죄 등	① 강제징수를 면탈할 목적 또는 면탈하게 할 목적으로 그 재산을 은닉, 탈루하거나 거짓 계약을 하였을 때 ② 압수물건·압류물건의 보관자가 그 보관한 물건을 은닉, 탈루, 손괴 또는 소비하였을 때	3년 이하의 징역 또는 3천만원 이하의 벌금
	③ 위 ①과 ②의 사정을 알고도 이를 방조하거나 거짓 계약을 승낙한 자	2년 이하의 징역 또는 2천만원 이하의 벌금
명의대여 행위죄 등	관세(세관장이 징수하는 내국세등 포함)의 회피 또는 강제집행의 면탈을 목적으로 하거나 재산상 이득을 취할 목적으로 다음 각 호의 행위를 한 자 ① 타인의 명의를 사용하여 탁송품 또는 우편물을 수입한 자 ② 타인의 명의를 사용하여 제38조에 따른 납세신고를 한 자	2년 이하의 징역 또는 2천만원 이하의 벌금
	관세(세관장이 징수하는 내국세등 포함)의 회피 또는 강제집행의 면탈을 목적으로 하거나 재산상 이득을 취할 목적으로 타인에게 자신의 명의를 사용하여 납세신고를 하도록 허락한 자	1년 이하의 징역 또는 1천만원 이하의 벌금

보세사의 명의대여죄	① 보세사의 성명·상호를 빌려주거나 빌린 자 ② 명의대여 행위를 알선한 자	1년 이하의 징역 또는 1천만원 이하의 벌금
과세자료 비밀유지 의무 위반죄	과세자료제출기관이 제출한 과세자료를 타인에게 제공 또는 누설하거나 목적 외의 용도로 사용한 자	3년 이하의 징역 또는 1천만원 이하의 벌금

3 허위신고죄 등(법 제276조, 벌금 처벌)

구분	처벌
① 종합보세사업장의 설치·운영에 관한 신고를 하지 아니하고 종합보세기능을 수행한 자 ② 세관장의 중지조치 또는 세관장의 폐쇄명령을 위반하여 종합보세기능을 수행한 자 ③ 보세구역반입명령에 대하여 반입대상 물품의 전부 또는 일부를 반입하지 아니한 자 ④ 수출·수입·반송 신고, 보정신청·수정신고를 할 때 품명·규격·수량·가격 등을 신고하지 아니하거나 허위신고를 한 자 ⑤ 신고수리 전에 운송수단·관세통로·하역통로 등으로부터 신고된 물품을 무단반출한 자	물품원가 또는 2천만원 중 높은 금액 이하의 벌금
① 부정한 방법으로 적재화물목록을 작성하였거나 제출한 자 ② 신고서류의 보관기간을 지키지 않은 자 ③ 특허보세구역 설치·운영에 관한 특허를 받지 아니하고 특허보세구역을 운영한 자 ④ 세관장의 의무이행요구를 이행하지 아니한 자 ⑤ 기업 자율심사 결과를 거짓으로 작성하여 제출한 자	2천만원 이하의 벌금
① 국제무역선(기)의 입항보고를 거짓으로 하거나 출항허가를 거짓으로 받은 자 ② 부정한 방법으로 신고필증을 발급받은 자	1천만원 이하의 벌금
보세사로 근무하려는 자가 해당 보세구역을 관할하는 세관장에게 등록하지 않은 경우	500만원 이하의 벌금

4 과태료(법 제277조, 제277조의2, 제277조의3)

1. 세관장이 부과·징수하는 과태료

1억원 이하	특수관계자 수입물품 과세자료 제출 규정에 따라 자료제출을 요구받은 자가 천재지변 등의 정당한 사유 없이 자료를 제출하지 아니하거나 거짓으로 제출하는 경우
2억원 이하	미제출된 자료를 그 제출 요구를 받은 날부터 30일 이내에 제출하지 아니한 경우
5천만원 이하	① 세관공무원의 질문에 대하여 거짓의 진술을 하거나 그 직무의 집행을 거부 또는 기피한 자 ② 서류의 제출·보고 또는 그 밖에 필요한 사항에 관한 명령을 이행하지 아니하거나 거짓의 보고를 한 자
1천만원 이하	① 국내운항선(기)이 임시 외국 정박 또는 착륙의 보고를 하지 않은 경우 ② 허가를 받지 아니하거나 신고를 하지 아니하고 보세공장·보세건설장·종합보세구역 또는 지정공장 외의 장소에서 작업을 한 자 <div style="text-align:center">"운송수단, 보세구역" + 보고, 신고, 허가, 승인을 받지 아니한 경우</div>

500만원 이하	① 유통이력을 신고하지 아니하거나 거짓으로 신고한 자, 유통이력 신고물품의 장부기록 자료를 보관하지 아니한 자 ② 밀수출 등 불법행위가 발생할 우려가 높거나 감시단속상 필요하다고 인정하여 관세청장이 정하는 장소에 반입한 후 수출신고를 하여야 하는 물품에 대하여, 해당 장소에 반입하지 아니하고 수출의 신고를 한 자 ③ 한국관세정보원 또는 이와 유사한 명칭을 사용한 자
200만원 이하	① 특허보세구역의 특허사항을 위반한 운영인 ② 자율심사 결과를 제출하지 아니한 자 ③ 과실로 여객명부 또는 승객예약자료를 제출하지 아니한 자 ④ 물품 취급 시간을 위반하여 운송수단에서 물품을 취급한 자 ⑤ 물품을 반입하지 아니하고 거짓으로 보세구역 반입신고를 한 자
100만원 이하	① 적재물품과 일치하지 아니하는 적재화물목록을 작성하였거나 제출한 자 ② 수출·수입·반송 신고필증을 보관하지 아니한 자 ③ 잠정가격신고물품에 대하여 확정가격신고를 하지 아니한 자

2. 관세청장 또는 세관장이 부과·징수하는 과태료(금품 수수 및 공여)

금품 수수 공무원에 대한 징계	① 세관공무원이 그 직무와 관련하여 금품을 수수(收受)하였을 때에는 그 금품 수수액의 5배 내의 징계부가금 부과 의결을 징계위원회에 요구하여야 한다. ② 징계대상 세관공무원이 징계부가금 부과 의결 전후에 금품 수수를 이유로 다른 법률에 따라 형사처벌을 받거나 변상책임 등을 이행한 경우(몰수나 추징을 당한 경우를 포함)에는 징계위원회에 감경된 징계부가금 부과 의결 또는 징계부가금 감면을 요구하여야 한다.
금품 공여자에 대한 처벌	① 관세청장 또는 세관장은 세관공무원에게 금품을 공여한 자에 대해서는 그 금품 상당액의 2배 이상 5배 내의 과태료를 부과·징수한다. ② 「형법」 등 다른 법률에 따라 형사처벌을 받은 경우에는 과태료를 부과하지 아니하고, 과태료를 부과한 후 형사처벌을 받은 경우에는 과태료 부과를 취소한다.

3. 관세청장이 부과·징수하는 과태료(비밀유지 의무 위반에 대한 과태료)

비밀유지 의무 위반에 대한 처벌	① 관세청장은 '비밀유지 규정'을 위반하여 과세정보를 타인에게 제공 또는 누설하거나 그 목적 외의 용도로 사용한 자에게 2천만원 이하의 과태료를 부과·징수한다. ② 「형법」 등 다른 법률에 따라 형사처벌을 받은 경우에는 과태료를 부과하지 아니하고, 과태료를 부과한 후 형사처벌을 받은 경우에는 과태료 부과를 취소한다.

5 양벌규정(법 제279조)

양벌 규정	법인의 대표자나 법인 또는 개인의 대리인, 사용인, 그 밖의 종업원이 그 법인 또는 개인의 업무에 관하여 벌칙(과태료는 제외)에 해당하는 위반행위를 하면 그 행위자를 벌하는 외에 그 법인 또는 개인에게도 해당 조문의 벌금형을 과한다.
면책	법인 또는 개인이 그 위반행위를 방지하기 위하여 해당 업무에 관하여 상당한 주의와 감독을 게을리하지 아니한 경우에는 양벌규정을 적용하지 아니한다.
개인처벌 적용대상	① 특허보세구역 또는 종합보세사업장의 운영인 ② 수출(관세환급특례법상 수출등 포함)·수입 또는 운송을 업으로 하는 사람 ③ 관세사 ④ 국제항 안에서 물품 및 용역의 공급을 업으로 하는 사람 ⑤ 관세정보원, 전자문서중계사업자

6 몰수(법 제272조, 제273조, 제282조)

밀수전용 운반기구		밀수출입죄에 전용(專用)되는 선박·자동차나 그 밖의 운반기구는 그 소유자가 범죄에 사용된다는 정황을 알고 있고, 다음 각 호의 어느 하나에 해당하는 경우에는 몰수한다. ① 범죄물품을 적재하거나 적재하려고 한 경우 ② 검거를 기피하기 위하여 권한 있는 공무원의 정지명령을 받고도 정지하지 아니하거나 적재된 범죄물품을 해상에서 투기·파괴 또는 훼손한 경우 ③ 범죄물품을 해상에서 인수 또는 취득하거나 인수 또는 취득하려고 한 경우 ④ 범죄물품을 운반한 경우
범죄에 사용된 물품		① 밀수출입죄에 사용하기 위하여 특수한 가공을 한 물품은 누구의 소유이든지 몰수하거나 그 효용을 소멸시킨다. ② 밀수출입죄에 해당되는 물품이 다른 물품 중에 포함되어 있는 경우 그 물품이 범인의 소유일 때에는 그 다른 물품도 몰수할 수 있다.
밀수품	몰수 대상	① '헌정화'를 수출입한 경우(예비한 자 포함) ② 밀수입죄(예비한 자 포함), 밀수출죄(예비한 자 포함), 밀수품취득죄(예비한 자 포함)의 경우
	몰수하지 않는 경우	① 보세구역에 반입신고를 한 후 반입한 외국물품 ② 세관장의 허가를 받아 보세구역이 아닌 장소에 장치한 외국물품 ③ 폐기물 ④ 그 밖에 몰수의 실익이 없는 물품으로서 대통령령으로 정하는 물품
	추징	① 몰수할 물품의 전부 또는 일부를 몰수할 수 없을 때에는 그 몰수할 수 없는 물품의 범칙 당시의 국내도매가격에 상당한 금액을 범인으로부터 추징한다. ② 밀수품취득죄에 해당하는 자 중 밀수입물품을 감정한 자는 추징하지 아니한다.

제12장 조사와 처분

제1절 통칙

1 관세범(법 제283조 ~ 제289조)

관세범	① 이 법 또는 이 법에 따른 명령을 위반하는 행위로서 이 법에 따라 형사처벌되거나 통고처분되는 것 ② 관세범에 관한 조사·처분은 세관공무원이 한다.
공소의 요건	① 관세청장이나 세관장의 고발이 없으면 검사는 공소를 제기할 수 없다. ② 다른 기관이 관세범에 관한 사건을 발견하거나 피의자를 체포하였을 때에는 즉시 관세청이나 세관에 인계하여야 한다.
관세범에 관한 서류	① 관세범에 관한서류에는 연월일을 적고 서명날인하여야 한다. ② 관세범의 조사와 처분에 관한 서류에는 장마다 간인(間印)하여야 한다. ③ 관세범에 관한 서류에 서명날인하는 경우 본인이 서명할 수 없을 때에는 다른 사람에게 대리서명하게 하고 도장을 찍어야 한다. 이 경우 도장을 지니지 아니하였을 때에는 손도장을 찍어야 한다. ④ 관세범에 관한 서류는 인편이나 등기우편으로 송달한다.

2 관세범칙조사심의위원회(법 제284조의2)

관세범칙조사 심의위원회	설치 위치	① 관세청 ② 대통령령으로 정하는 세관(인천공항세관, 서울세관, 부산세관, 인천세관, 대구세관, 광주세관, 평택세관)
	위원장	관세청의 3급부터 5급까지에 해당하는 공무원 중 관세청장이 지정하는 사람
	위원 수	위원장 1명을 포함한 10명 이상 20명 이하의 위원

제2절 조사

1 관세범의 조사(법 제290조 ~ 제294조)

관세범의 조사	① 세관공무원은 관세범이 있다고 인정할 때에는 범인, 범죄사실 및 증거를 조사하여야 한다. ② 세관공무원은 관세범 조사에 필요하다고 인정할 때에는 피의자·증인 또는 참고인을 조사할 수 있다.
조서 작성	① 세관공무원이 피의자·증인 또는 참고인을 조사하였을 때에는 조서를 작성하여야 한다. ② 조서에는 연월일과 장소를 적고 '조사를 한 사람, 진술자, 참여자'가 함께 서명날인하여야 한다. ③ 현행범인에 대한 조사로서 긴급히 처리할 필요가 있을 때에는 그 주요 내용을 적은 서면으로 조서를 대신할 수 있다.
출석요구	① 세관공무원이 관세범 조사에 필요하다고 인정할 때에는 피의자·증인 또는 참고인의 출석을 요구할 수 있다. ② 피의자·증인 또는 참고인에게 출석 요구를 할 때에는 출석요구서를 발급하여야 한다.

2 사법경찰권(법 제295조 ~ 제310조)

사법경찰권	① 세관공무원은 「사법경찰관리의 직무를 수행할 자와 그 직무범위에 관한 법률」에서 정하는 바에 따라 사법경찰관리의 직무를 수행한다. ② 세관공무원이 피의자를 구속하는 때에는 세관관서, 국가경찰관서 또는 교도관서에 유치하여야 한다.
수색·압수 영장	① 수색·압수를 할 때에는 관할 지방법원 판사의 영장을 받아야 한다. 다만, 긴급한 경우에는 사후에 영장을 발급받아야 한다. ② 소유자·점유자 또는 보관자가 임의로 제출한 물품이나 남겨 둔 물품은 영장 없이 압수할 수 있다.
현행범의 체포 및 인도	① 세관공무원이 관세범의 현행범인을 발견하였을 때에는 즉시 체포하여야 한다. ② 관세범의 현행범인이 그 장소에 있을 때에는 누구든지 체포할 수 있다. 범인을 체포한 자는 지체 없이 세관공무원에게 범인을 인도하여야 한다.
수색	① 세관공무원은 관세범 조사에 필요하다고 인정할 때에는 선박·차량·항공기·창고 또는 그 밖의 장소를 검증하거나 수색할 수 있다. ② 세관공무원은 범죄사실을 증명하기에 충분한 물품을 피의자가 신변에 은닉하였다고 인정될 때에는 이를 내보이도록 요구하고, 이에 따르지 아니하는 경우에는 신변을 수색할 수 있다. ③ 여성의 신변을 수색할 때에는 성년의 여성을 참여시켜야 한다.
참여	세관공무원이 수색을 할 때에는 다음 중 어느 하나에 해당하는 사람을 참여시켜야 한다(모두 부재중일 때에는 공무원 참여). ① 선박·차량·항공기·창고 또는 그 밖의 장소의 소지인·관리인 ② 동거하는 친척이나 고용된 사람(성년자) ③ 이웃에 거주하는 사람(성년자)

야간집행의 제한	① 해 진 후부터 해 뜨기 전까지는 검증·수색 또는 압수를 할 수 없다. 다만, 현행범인 경우에는 그러하지 아니하다. ② 이미 시작한 검증·수색 또는 압수는 계속할 수 있다.
신분 증명	① 세관공무원은 조사·검증·수색 또는 압수를 할 때에는 제복을 착용하거나 그 신분을 증명할 증표를 지니고 그 처분을 받을 자가 요구하면 이를 보여 주어야 한다. ② 세관공무원이 제복을 착용하지 아니한 경우로서 그 신분을 증명하는 증표제시 요구를 따르지 아니하는 경우에는 처분을 받을 자는 그 처분을 거부할 수 있다.
조사결과의 보고	세관공무원은 조사를 종료하였을 때에는 관세청장이나 세관장에게 서면으로 그 결과를 보고하여야 한다.

3 압수(법 제299조, 제303조, 제304조, 제313조)

압수의 사유	세관공무원은 관세범 조사에 의하여 발견한 물품이 범죄의 사실을 증명하기에 충분하거나 몰수하여야 하는 것으로 인정될 때에는 이를 압수할 수 있다.
압수물품의 보관	① 압수물품은 보세구역이 아닌 장소에 장치할 수 있다. ② 압수물품은 편의에 따라 소지자나 시·군·읍·면사무소에 보관시킬 수 있다.
압수물품 매각 사유	① 부패 또는 손상되거나 그 밖에 사용할 수 있는 기간이 지날 우려가 있는 경우 ② 보관하기가 극히 불편하다고 인정되는 경우 ③ 처분이 지연되면 상품가치가 크게 떨어질 우려가 있는 경우 ④ 피의자나 관계인이 매각을 요청하는 경우
압수물품의 폐기 사유	① 사람의 생명이나 재산을 해칠 우려가 있는 것 ② 부패하거나 변질된 것 ③ 유효기간이 지난 것 ④ 상품가치가 없어진 것
압수물품의 국고귀속	① 세관장은 압수된 물품에 대하여 그 압수일부터 6개월 이내에 해당 물품의 소유자 및 범인을 알 수 없는 경우에는 해당 물품을 유실물로 간주하여 유실물 공고를 하여야 한다. ② 유실물 공고일부터 1년이 지나도 소유자 및 범인을 알 수 없는 경우에는 해당 물품은 국고에 귀속된다.
압수물품의 반환	① 관세청장이나 세관장은 압수물품을 몰수하지 아니할 때에는 그 압수물품이나 그 물품의 환가대금을 반환하여야 한다. ② 압수물품이나 그 환가대금을 반환받을 자의 주소 및 거소가 분명하지 아니하거나 그 밖의 사유로 반환할 수 없을 때에는 그 요지를 공고하여야 한다. ③ 반환 공고를 한 날부터 6개월이 지날 때까지 반환의 청구가 없는 경우에는 그 물품이나 그 환가대금을 국고에 귀속시킬 수 있다. ④ 압수물품에 대하여 관세가 미납된 경우에는 반환받을 자로부터 해당 관세를 징수한 후 그 물품이나 그 환가대금을 반환하여야 한다.

제3절 처분

1 통고처분(법 제311조, 제314조 ~ 제317조)

통고처분의 사유와 대상	관세청장이나 세관장은 관세범을 조사한 결과 범죄의 확증을 얻었을 때에는 다음의 금액이나 물품을 납부할 것을 통고할 수 있다(예납 가능). ① 벌금에 상당하는 금액 ② 몰수에 해당하는 물품 ③ 추징금에 해당하는 금액
시효	① 통고가 있는 때에는 공소의 시효는 정지된다. ② 통고처분으로 관세징수권의 소멸시효는 중단된다.
부과 기준	① 벌금에 상당하는 금액은 해당 벌금 최고액의 100분의 30으로 한다. ② 관세범이 조사를 방해하거나 증거물을 은닉·인멸·훼손한 경우 등에는 100분의 50의 범위에서 그 금액을 늘릴 수 있다. ③ 관세범이 조사 중 해당 사건의 부족세액을 자진하여 납부한 경우, 심신미약자인 경우 또는 자수한 경우 등에는 100분의 50의 범위에서 그 금액을 줄일 수 있다.
신용카드 등으로 납부	① 통고처분을 받은 자는 납부하여야 할 금액을 통고처분납부대행기관을 통하여 신용카드, 직불카드 등으로 납부할 수 있다. ② 통고처분납부대행기관의 승인일을 납부일로 본다. ③ 납부대행수수료는 관세청장이 승인하되, 해당 납부세액의 1천분의 10을 초과할 수 없다.
통고처분의 면제	① 관세청장이나 세관장은 관세범칙조사심의위원회의 심의·의결을 거쳐 통고처분을 면제할 수 있다. ② 통고처분 면제는 다음 요건을 모두 갖춘 관세범을 대상으로 한다. 　㉠ 벌금에 상당하는 금액이 30만원 이하일 것 　㉡ 몰수에 해당하는 물품의 가액과 추징금에 해당하는 금액을 합한 금액이 100만원 이하일 것
통고서에 포함될 내용	① 처분을 받을 자의 성명, 나이, 성별, 직업 및 주소 ② 벌금에 상당한 금액, 몰수에 해당하는 물품 또는 추징금에 상당한 금액 ③ 범죄사실 ④ 적용 법조문 ⑤ 이행 장소 ⑥ 통고처분 연월일
일사부재리	관세범인이 통고의 요지를 이행하였을 때에는 동일사건에 대하여 다시 처벌을 받지 아니한다.

2 고발(법 제312조, 제318조)

즉시 고발	범죄의 정상이 징역형에 처해질 것으로 인정될 때
통고의 불이행과 고발	관세범인이 통고서의 송달을 받았을 때에는 그 날부터 15일 이내에 이를 이행하여야 하며, 이 기간 내에 이행하지 아니하였을 때에는 관세청장이나 세관장은 즉시 고발하여야 한다. 다만, 15일이 지난 후 고발이 되기 전에 관세범인이 통고처분을 이행한 경우에는 그러하지 아니하다.
무자력 고발	① 관세범인이 통고를 이행할 수 있는 자금능력이 없다고 인정되는 경우 ② 관세범인의 주소 및 거소가 분명하지 아니하거나 그 밖의 사유로 통고를 하기 곤란하다고 인정되는 경우

제13장 보칙

1 통계 및 증명서의 작성 및 교부(법 제322조)

통계의 집계 및 공표	관세청장은 통계를 집계하고 대통령령으로 정하는 바에 따라 정기적으로 그 내용을 공표할 수 있다. 통계의 공표는 연 1회 이상으로 한다.
증명서의 유효기간	증명서 중 수출·수입 또는 반송에 관한 증명서는 해당 물품의 수출·수입 또는 반송 신고의 수리일부터 5년 내의 것에 관하여 발급한다.
관세무역 데이터	관세청장은 국회의원 등이 관세무역데이터를 직접 분석하기를 원하는 경우 관세청 내에 설치된 대통령령으로 정하는 시설 내에서 관세무역데이터를 그 사용목적에 맞는 범위에서 제공할 수 있다. 이 경우 관세무역데이터는 개별 납세자의 과세정보를 직접적 또는 간접적 방법으로 확인할 수 없는 상태로 제공하여야 한다.

2 세관설비의 사용(법 제323조)

금액	세관설비사용료는 기본사용료 1만2천원에 다음 구분에 위한 금액을 합한 금액으로 한다. ① 토지: 분기마다 1제곱미터당 780원 ② 건물: 분기마다 1제곱미터당 1,560원
경감	세관장은 관세청장의 승인을 얻어 세관설비사용료를 경감할 수 있다.

3 포상(법 제324조)

포상방법	① 포상금의 수여 대상자가 공무원인 때에는 그 공로에 의한 실제 국고수입액의 100분의 25 이내로 하여야 한다. 다만, 1인당 수여액을 100만원 이하로 하는 때에는 그러하지 아니하다. ② 관세청장이 정하는 바에 의하여 익명으로 포상할 수 있다. ③ 동일한 공로에 대하여 이중으로 포상할 수 없다.
은닉재산 신고에 따른 포상	① 관세청장은 체납자의 은닉재산을 신고한 사람에게 10억원의 범위에서 포상금을 지급할 수 있다. ② 은닉재산의 신고를 통하여 징수된 금액이 2천만원 미만인 경우 또는 공무원이 그 직무와 관련하여 은닉재산을 신고한 경우에는 포상금을 지급하지 아니한다.

징수금액	지급률
2천만원 이상 5억원 이하	20%
5억원 초과 20억원 이하	1억원 + 5억원 초과 금액의 15%
20억원 초과 30억원 이하	3억2천5백만원 + 20억원 초과 금액의 10%
30억원 초과	4억2천5백만원 + 30억원 초과 금액의 5%

4 국가관세종합정보시스템(법 제327조, 제327조의2)

구축 및 운영	관세청장은 전자통관의 편의를 증진하고, 외국세관과의 세관정보 교환을 통하여 수출입의 원활화와 교역안전을 도모하기 위하여 국가관세종합정보시스템을 구축·운영할 수 있다.
전자신고 등	세관장은 전자신고등을 하게 할 수 있다.
전자송달	세관장은 국가관세종합정보시스템 또는 연계정보통신망을 이용하여 전자송달을 할 수 있다.
효력발생시기	① 전자신고등은 관세청장이 정하는 국가관세종합정보시스템의 전산처리설비에 저장된 때에 세관에 접수된 것으로 본다. ② 전자송달은 송달받을 자가 지정한 전자우편주소나 국가관세종합정보시스템의 전자사서함 또는 연계정보통신망의 전자고지함에 고지내용이 저장된 때에 그 송달을 받아야 할 자에게 도달된 것으로 본다.
전자송달 신청주의	전자송달은 송달을 받아야 할 자가 신청하는 경우에만 한다.

5 전자문서중계사업자의 지정 등(법 제327조의3)

지정권자	관세청장
지정기준	① 주식회사로서 납입자본금이 10억원 이상일 것 ② 정부, 공공기관, 비영리법인을 제외한 동일인이 의결권 있는 주식총수의 15%를 초과하여 소유하거나 사실상 지배하지 아니할 것 ③ 전자문서중계사업을 영위하기 위한 설비와 기술인력을 보유할 것
지정의 결격사유	① 운영인의 결격사유에 해당하는 자(미, 벌, 통 제외) ② 지정이 취소된 날부터 2년이 지나지 아니한 자 ③ 위의 사람이 임원으로 재직하는 법인
행정 제재	다음의 경우 지정을 취소하거나 1년 이내의 기간을 정하여 전자문서중계업무의 전부 또는 일부의 정지를 명할 수 있다. ① 지정의 결격사유에 해당한 경우. 다만, '피, 파'에 해당하는 사람을 임원으로 하는 법인이 3개월 이내에 해당 임원을 변경한 경우에는 그러하지 아니하다. ② 거짓이나 그 밖의 부정한 방법으로 지정을 받은 경우 ③ 지정기준에 미달하게 된 경우 ④ 관세청장의 지도·감독을 위반한 경우 ⑤ 업무상 알게 된 전자문서상의 비밀과 관련 정보에 관한 비밀을 누설하거나 도용한 경우

6 과징금(법 제327조의2, 제327조의3)

구분	① 특허보세구역 물품반입 등의 정지처분을 갈음하는 과징금 ② 보세운송업자 등의 업무정지처분을 갈음하는 과징금	전자문서중계사업자의 업무정지처분을 갈음하는 과징금
부과 주체	세관장	관세청장
과징금 계산	물품반입 등 정지일수(업무정지일수) × 1일당 연간 매출액의 6천분의 1	업무정지일수 × 1일당 30만원
	1개월은 30일로 계산	
최고 금액	매출액의 3%	1억원
가중·경감	4분의 1의 범위에서 가중 또는 경감 가능	
납부기한	납부통지일부터 20일 이내	
과징금 미납시 조치	과징금 미납부시 법 제26조(담보 등이 없는 경우의 관세징수) 준용	

7 권한 또는 업무의 위임·위탁(법 제329조)

1. 권한의 위임

기획재정부장관	→	관세청장	① 덤핑방지관세 재심사에 필요한 사항의 조사 ② 상계관세 재심사에 필요한 사항의 조사
관세청장	→	세관장	포상
	→	관세평가분류원장	① 과세환율의 결정 ② 가산 또는 공제하는 금액의 결정 ③ 관세평가 제4방법에서의 국내판매가격, 수수료, 이윤 및 일반경비의 결정 ④ 과세가격결정방법사전심사 ⑤ 품목분류사전심사 ⑥ 수출환율의 결정
	→	세관장 또는 관세평가분류원장	수출입안전관리우수업체의 심사 및 예비심사

2. 업무의 위탁

세관장	→	체신관서의 장	우편물의 검사, 우편물 통관에 대한 결정, 결정사항의 통지
	→	보세구역의 운영인 또는 화물관리인	① 매각 전 통고(자가용 보세구역에서의 통고 제외) ② 보세운송 도착보고의 수리
	→	민법 제32조에 따라 설립된 사단법인 중 관세청장이 지정하여 고시하는 법인의 장	① 보세사의 등록 ② 보세운송업자의 등록
관세청장	→	지식재산권 보호 업무와 관련된 단체	지식재산권의 신고에 관한 업무의 일부(신고서 접수 및 보완요구)
	→	수출입 안전관리 심사 업무에 전문성이 있다고 인정되어 관세청장이 지정·고시하는 법인	수출입안전관리우수업체 공인 심사 지원, 예비심사 지원 업무

2025 최신개정판

해커스공무원

이명호

핵심요약집

관세법

개정 2판 1쇄 발행 2025년 2월 7일

지은이	이명호 편저
펴낸곳	해커스패스
펴낸이	해커스공무원 출판팀

주소	서울특별시 강남구 강남대로 428 해커스공무원
고객센터	1588-4055
교재 관련 문의	gosi@hackerspass.com
	해커스공무원 사이트(gosi.Hackers.com) 교재 Q&A 게시판
	카카오톡 플러스 친구 [해커스공무원 노량진캠퍼스]
학원 강의 및 동영상강의	gosi.Hackers.com

ISBN	979-11-7244-777-9 (13360)
Serial Number	02-01-01

공무원 교육 1위,
해커스공무원 **gosi.Hackers.com**

해커스공무원

- 해커스공무원 학원 및 인강(교재 내 인강 할인쿠폰 수록)
- 해커스 스타강사의 **공무원 관세법 무료 특강**
- 정확한 성적 분석으로 약점 극복이 가능한 **합격예측 온라인 모의고사**(교재 내 응시권 및 해설강의 수강권 수록)

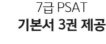